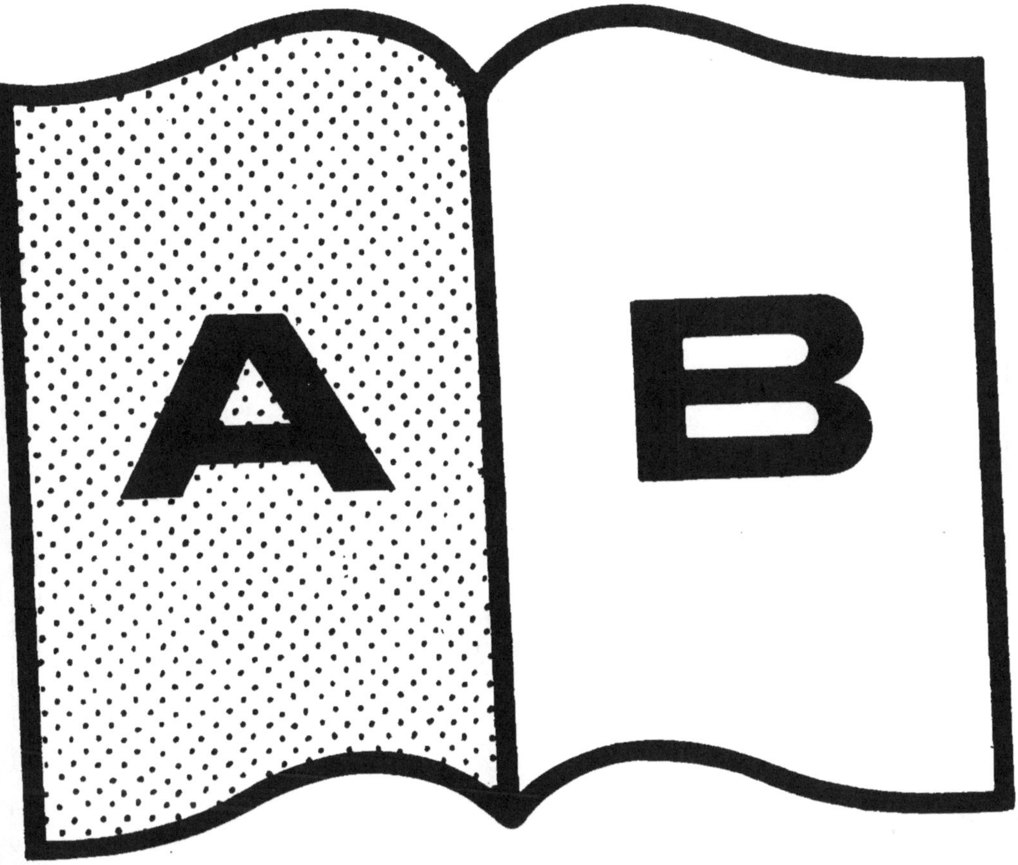

Contraste insuffisant

NF Z 43-120-14

Y. 6462
D + d. 10.

SHAKESPEARE.

TOME DIXIÈME.

SHAKESPEARE
TRADUIT
DE L'ANGLOIS,
DÉDIÉ
AU ROI.
PAR M. LE TOURNEUR.

Homo sum : humani nihil à me alienum puto. Ter.

TOME DIXIÈME.

A PARIS,
Chez l'AUTEUR, cul-de-sac Saint-Dominique,
près le Luxembourg;
Et MÉRIGOT jeune, Libraire, quai des Augustins.

M. DCC. LXXXI.
Avec Approbation & Privilége du Roi.

NOTES

De la première Partie d'HENRI IV.

ACTE PREMIER.

(1) M. ROWE, qui a recueilli les vrais Personnages de ce Drame, a donné le titre de Duc de Lancastre au Prince Jean, par une erreur, que Shakespear n'a pas commise dans la première Partie de cette Pièce, quoiqu'il y soit tombé dans la seconde. Le Roi Henri IV est le dernier qui a porté le titre de Duc de Lancastre : mais tous ses fils, jusqu'à ce qu'ils ayent eu des Pairies, comme Clarence, Bedford, Glocester, étoient distingués par le nom de la Famille Royale, comme, Jean de Lancastre, Homfroy de Lancastre, &c.; & c'est sous cette dénomination que dans cette Pièce il est toujours fait mention de Jean, qui dans la suite devint si célèbre sous le titre de Duc de Bedford. *Steevens.*

(2) Les événemens compris dans ce Drame historique embrassent une période d'environ dix mois. L'action commence à la nouvelle de la victoire d'Hotspur sur les Ecossois, commandés par Archibald, Comte de Douglas, à Holmedon, ou la colline d'Halidon, le jour de l'Exaltation de la Sainte Croix, le 14 Septembre 1402. Elle finit à la défaite & la mort de Hotspur à Shrewsbury, bataille qui se donna le Samedi 21 Juillet 1403, veille de Sainte Marie - Madeleine. Shakespear a visiblement eu l'intention de lier ensemble ces Drames historiques, depuis Richard II jusqu'à Henri V. Le Roi Henri, à la fin de Richard II, déclare son dessein de visiter la Terre-Sainte, dessein qu'il répète dans le discours; & la plainte qu'il fait à la fin du dernier Acte de Richard II de l'inconduite de son fils, prépare

NOTES.

le Lecteur aux folies qu'on en raconte ici, & aux caractères qui vont paroître sur la scène. *Johnson.*

(3) On a beaucoup disputé sur la légitimité & la justice des guerres Saintes : mais peut-être est-il un principe simple qui résout facilement la question. Si c'est un point de la Religion des Mahométans d'extirper par le fer toutes les autres Religions; par le droit naturel de sa propre défense il est légitime pour les peuples de toutes les autres Religions, & sur-tout pour les Chrétiens, de faire la guerre aux Mahométans comme Mahométans, comme à des hommes obligés, par leurs propres principes, de faire la guerre aux Chrétiens, & de ne se reposer que jusqu'à la première occasion favorable qui leur promettra le succès. *Johnson.* Les conséquences de ce raisonnement vont trop loin.

(4) Percy avoit un droit exclusif sur les prisonniers. Suivant les Loix, quiconque avoit fait un prisonnier, dont la rançon n'alloit pas au-dessus de dix mille couronnes (écus), pouvoit le garder pour soi, lui faire don de sa liberté, ou le rançonner à son gré. Le Comte de Fife étoit le seul que Percy ne pouvoit pas refuser au Roi. C'étoit un Prince du Sang Royal : il étoit fils du Duc d'Albanie, frère du Roi Robert III. Henri pouvoit le réclamer en vertu de son privilége militaire.

Il paroît que le Château de Ponowny fut bâti de la rançon de ce même Henri Percy, lorsqu'il fut pris à la bataille d'Otterbourne par un ancêtre du présent Comte d'Eglington. *Tollet.*

(5) L'objection que fait le Prince à la question de Falstaff, semble être fondée sur ce que Falstaff avoit demandé dans la nuit à quelle heure du jour il étoit. *Johnson.* Cependant, aussi-tôt après, le Prince dit : *bonjour, Ned*, & Poins replique, *bonjour, cher enfant.* La vérité pourroit être que, quand Shakespear fait souhaiter au Prince le bonjour à Poins, il avoit oublié que la scène avoit commencé au soir.

NOTES.

(6) *A squire of Body* étoit originairement l'Ecuyer d'un Chevalier, celui qui portoit son casque, sa lance & son bouclier. Il est devenu depuis un terme couvert, pour signifier un Maq...... Le sens de la phrase est probablement celui-ci : « Qu'on ne dise pas de nous, qui ornons la Cour de la nuit, que nous déshonorons le jour ». *Oter au jour sa beauté*, c'est le déshonorer. *Steevens*.

(7) *Gib-cat* signifie un chat châtré, suivant Steevens & Tollet; &, suivant Warton, c'est une abréviation de *Tibert*, nom antique d'un vieux chat dans les Romans ; comme *jack* celui d'un cheval, *tom*, d'un pigeon, *philip*, d'un moineau, *will*, d'un bouc, &c. Le maintien du chat est on ne peut pas plus grave & sérieux.

(8) *Hope*, qui signifie espérer, se prend aussi simplement pour *attendre* : ce double sens donna lieu au trait qui suit. Un Tanneur de Tameworth, qui s'étoit trouvé avec le Roi Edouard IV, & qui avoit tenu des propos très-libres, sans le reconnoître, venant à s'appercevoir à la fin que c'étoit le Roi, par son cortége qui le joignit, craignoit bien d'être puni, & dit alors avec un ton de repentir naïf & grossier : « J'espère (*je m'attends*) que je serai pendu demain, car je crains bien que je ne sois pendu ». Le Roi rit beaucoup de sa peur, & du terme sur lequel il se méprenoit, & il lui donna pour ce mot la ferme de Plumpton Parke. *Farmer*.

(9) *Pouncet-box*, petite boëte à parfums dont la couverture est ciselée. Au Baptême de la Reine Elizabeth, la Marquise de Dorset, suivant Holingshed, donna trois tasses dorées & ciselées, avec le couvercle.

(10) Shakespear est tombé dans quelques contradictions sur le Lord Mortimer. Avant de paroître dans la Pièce, il est fréquemment fait mention de lui comme du beau-frère de Hotspur. Dans le second Acte, Lady Percy le nomme expressément son

a ij

NOTES.

frère *Mortimer*; & cependant, quand il entre dans le troisième Acte, il appelle Lady Percy *sa tante*, ce qu'elle étoit en effet, & non pas sa sœur. On peut rendre raison de cette incohérence. Il y eut deux Mortimer faits prisonniers par Glendower, en différens temps, qui tous deux portoient le nom d'Edmond: l'un étoit Edmond, Comte de Marche, neveu de Lady Percy, & le vrai Mortimer de la Pièce : l'autre, Sir Edmond Mortimer, oncle du premier, & frère de Lady Percy. Shakespear confond les deux ensemble. *Steevens*.

(11) Gildon, Critique de la force de *Dennis*, traite sans cérémonie ce discours d'extravagant. Theobald en parle sur le même ton. Tous ces Messieurs ont fort bien appris des Critiques François à connoître les endroits où Shakespear a transgressé les règles des tragiques Grecs ; & dans ces occasions , ils ne manquent pas de répéter leurs froides leçons sur la Fable , les unités, &c. Mais s'ils usoient de leur bon sens , ils verroient que Shakespear ne s'en écarte pas ici autant qu'ils le disent. C'est une noble & grande idée qu'il couvre d'expressions allégoriques. Hotspur, tout échauffé, se récrie contre la pauvreté de ces honneurs, qu'il faut partager par lambeaux. Si l'expression est pleine d'audace & d'hyperbole , elle n'exprime pas moins le mouvement naturel d'une ame héroïque.

Euripide a mis le même sentiment exprimé en termes semblables dans la bouche d'Etéocle : « Ma mère, je vous l'avouerai sans
» détour, je monterois au-dessus des nuées, j'escaladerois les
» étoiles, où le soleil se lève, je descendrois dans les abîmes de
» la terre, si je savois pouvoir, à ce prix, obtenir le trône
» immense des Dieux ». *Warburton*.

Johnson, sans blâmer cette pensée, ne la trouve pas sublime. Warton pense que c'est un passage emprunté de quelque Pièce écrite d'un style ampoulé, & que cette phrase aura passé en expression burlesque pour désigner des entreprises impossibles.

NOTES.

(12) This *Fawning Greyhound*. Hammer lit, *Spaniel*, auquel l'épithète de Fawning est plus propre. Charles I, étant avec ses Courtisans, la conversation tomba sur les chiens, & l'on demanda quelle espèce, de l'épagneul ou du lévrier, méritoit la préférence. Tous convinrent qu'elle appartenoit à l'épagneul : « Et moi, dit le Roi, je suis d'un autre avis, je la donnerois au » lévrier : il a un aussi bon naturel que l'épagneul, sans avoir son » défaut, celui d'être flatteur ». Trait de satyre contre les Courtisans. *Gray*.

Acte II.

(1) *Onyer*, de *to ony*, &c. Comptable public, Homme chargé d'une somme considérable de revenus qui appartiennent à l'Etat. C'est l'usage de la Cour de l'Echiquier, lorsque le Sheriff rend ses comptes, de mettre sur sa tête o. ni. *Oneratur, nisi exonerationem sufficientem habeat*, & rendre compte de cette manière s'appelle *to ony*, dont Shakespear a formé le mot, *onyers*. *Malone*.

(2) *Fern-seed*. Feïne est une de ces plantes qui ont leur semence sur le dos de leur feuille, & si petite qu'elle échappe à la vue. Ceux qui voyoient cette plante se propager par la semence, & qui cependant ne pouvoient appercevoir la semence, étoient fort embarrassés pour résoudre cette difficulté ; & comme l'étonnement cherche toujours à s'exagérer les choses, ils ont attribué à ces semences d'étranges propriétés, dont les jeunes filles de la campagne se souviennent encore, & qu'elles continuent de croire. *Johnson*.

(3) M. Edwards observe que les Dames, du tems de notre Poëte, portoient des éventails faits de plumes. Voyez la figure de Marguerite de France, Duchesse de Savoye, vol. 5 de la Monarchie de France de Montfaucon, planche XI.

(4) Ou Shakespear s'est mépris sur le vrai nom de la femme de Hotspur (qui s'appelloit Elisabeth), ou il l'a changé exprès par son amour pour le terme de *Kate*, Catherine, qu'il ne se

laffe point de répéter, dès qu'une fois il l'a introduit. La femme de Hotfpur étoit Lady Elifabeth Mortimer, fœur de Roger, Comte de Marche, qui fut déclaré héritier préfomptif de la Couronne par le Roi Richard II, & tante d'Edmond, Comte de Marche, qui paroît dans cette Pièce fous le nom du Lord Mortimer. *Steevens*.

(5) *Brown baftard*. Efpèce de vin doux. On appelle *mungrell*, ou *bâtard*, les vins qui font d'une qualité mixte entre les vins doux & les vins âpres, & qui tiennent le milieu entre les deux. *Tollet*.

Peut-être défigneroit il auffi la bierre forte, nommée *porter*, qui a été introduite pour fuppléer au vin, & qu'on fait très-forte & très-enivrante pour le menu peuple & les portefaix, dont elle a tiré fon nom de *porter*, porteur, portefaix. Une Anecdote affez curieufe au fujet de cette boiffon, c'eft que comme elle étoit exceffivement enivrante, d'abord le Parlement ordonna l'analyfe des ingrédiens qui entroient dans fa compofition. On trouva qu'on y mêloit du houblon, qui lui donnoit cette force ; & il y eut un Acte du Parlement, en 1428, qui défendit le houblon dans le Royaume, avec défenfe expreffe d'ufer de cette *plante maudite*, termes de l'Acte, dans aucune boiffon. Le houblon demeura profcrit jufqu'en 1524, qu'un autre Acte réforma enfin un fiècle après cette abfurde Loi. *M. de Saufeuil*.

(6) *Chanter comme un Tifferand* pourroit être un proverbe : Ces Artifans ayant les mains plus employées que la tête, s'amufent fouvent à chanter. *Johnfon*. Warburton penfe que c'eft une allufion aux perfécutions des Proteftans, fous Philippe II, en Flandres, & qui fuirent en Angleterre & y portèrent les Manufactures de laine : c'étoient des Calviniftes, qui fe font toujours diftingués par leur goût pour la pfalmodie.

NOTES.

ACTE III.
Scène première.

(1) *Taylor*. «C'est le plus court chemin pour devenir Tailleur». Les Tailleurs, comme les Tifférans, étoient renommés par leur goût pour le chant : « ne vous fiez pas à un Tailleur qui ne chante pas en travaillant » dans Bt. & Fletcher. Le *Gold-finch* s'appelle encore *Proud taylor*, peut-être de ce que son plumage est varié de différentes couleurs, comme un habit fait des coupons que garde le Tailleur : le sens sera alors : « la première chose, après avoir chanté, c'est d'apprendre à chanter aux oiseaux, au gold-finch & au rouge-gorge ». Le Poëte entend, sans doute, que le talent de chanter ruine son possesseur, & que cet art n'est estimable que dans les oiseaux. *Steevens*.

(2) *Comparative*, égal, rival. On demandoit à Louis XIV pourquoi, avec tant d'esprit, il ne railloit jamais : il répondit que le railleur devoit supporter à son tour la raillerie, & qu'il ne convenoit pas à la majesté d'un Roi d'être en butte aux plaisanteries de ses Sujets. *Johnson*.

(3) Il n'y avoit point de Lord Mortimer en Ecosse ; mais le Lord March d'Ecosse (George Dunbar), qui ayant quitté son pays par mécontentement, s'attacha si chaudement à l'Angleterre, & lui rendit des services si signalés dans ses guerres avec l'Ecosse, que le Parlement demanda au Roi de lui assigner une récompense. Il combattit à côté de Henri, à la bataille de Shrewsbury, & contribua à lui sauver la vie. *Steevens*.

ACTE IV.

(1) Shakespear prend rarement au hasard ses épithètes. Stowe dit du Prince Henri : « il étoit singuliérement léger à la course, & il attrapoit, avec deux de ses Courtisans, sans chien, sans arc,

& fans autres armes, un canard fauvage, ou un lapin, dans un grand parc ». *Steevens*.

(2) *All plumed like Eftridges*. Leurs plumes flottoient comme celles d'une *Eftridge*, *Autruche*, qui bat le vent de fes aîles, prête à prendre fon vol : vive image des jeunes gens ardens à l'entreprife. *Johnfon*.

Je crois que les autruches ne montent jamais dans l'air, mais qu'elles courent feulement devant le vent, ouvrant leurs aîles pour recevoir le fecours du vent qui les pouffe en avant. On les chaffe ordinairement à cheval, & l'art eft de les détourner du vent, fans quoi le cheval le plus vif ne peut les atteindre. — Les aigles & les faucons ont befoin de fe baigner fouvent pour entretenir leur fanté & leur vigueur. Tous les oifeaux, après s'être baignés, étendent leurs aîles pour prendre le vent, & les fecouent violemment pour fe fécher. *Steevens*.

Acte V.

Scène première.

(1) Gregoire VII, furnommé Hildebrand. Ses cruautés envers l'Empereur ont été dépeintes par Fox, avec des couleurs fi odieufes, que les bons Proteftans du fiècle ne pouvoient manquer de le voir avec plaifir ainfi caractérifé par Shakefpear, attendu qu'il réuniffoit en lui les deux titres de leurs deux plus grands ennemis, le Turc & le Pape. *Warburton*.

Fin des Notes de la première Partie d'Henri IV.

NOTES

NOTES

De la seconde Partie d'HENRI IV.

ACTE PREMIER.

(1) M. Upton remarque que ces deux Pièces sont très-improprement appellées les deux Parties d'Henri IV. «La première Pièce, dit-il, finit au paisible établissement de Henri dans le Royaume par la défaite des Rebelles». Cette raison n'est pas excellente; car les Rebelles n'étoient pas entiérement détruits. «La seconde Pièce, dit-il, nous montre Henri V, sous les différentes faces d'un débauché, avec un bon naturel, jusqu'à ce qu'après la mort de son père, il présente un caractère plus digne de l'homme». Le fait est vrai, mais cette représentation ne nous donne aucune idée d'une action dramatique. Ces deux Pièces paroîtront, à tout Lecteur qui les lira sans prétention ambitieuse de critique, être tellement liées, que la seconde est purement la suite de la première; & si elles forment deux Pièces, c'est uniquement parce qu'elles auroient été trop longues en une. *Johnson.*

Scène II, page 452.

(2) La Méthode de deviner les maladies à la seule inspection de l'urine, étoit si à la mode autrefois, que Linacre, Fondateur du Collége des Médecins, fit un Statut exprès, qui défendoit aux Apothicaires de porter l'urine de leurs patiens à un Docteur, & de donner des médecines en conséquence de l'opinion qu'ils prenoient de la maladie sur cet indice. Ce Statut fut dans la suite confirmé par un autre, qui défendit aux Médecins eux-mêmes de prononcer sur aucune maladie, d'après cette conjecture si

Tome X. b

NOTES.

incertaine. Croira-t-on, après cela, qu'en 1775 & 1776, un Allemand, qui avoit été Valet dans une Ecole publique d'équitation, dont il avoit été renvoyé par incapacité, ait reffufcité cette pratique profcrite ? Après qu'il eut groffi la lifte de la mortalité, & qu'il eut été traduit en ridicule devant le Public, par des gens qui avoient trop de bon fens pour le confulter, le Charlatan, riche monument de l'incurable folie de fes patiens, s'eft retiré avec une fortune de Prince, & peut-être aujourd'hui rit-il de tout fon cœur de la crédulité Angloife. *Steevens.* — On le croira aifément en France.

Acte II.

(1) *Piftol. N'ai-je pas ici mon hirène? Aurai-je peur, moi qui porte à mon côté cette invincible & fidèle épée ?* Les épées d'Arthur s'appelloient *calibu**r**ne*, & *ron* ou *iron* ; celle d'Edouard le Confeffeur, *curtane* ; celle de Charlemagne, *joyeufe* ; de Rolland, *durindane* ; de Renaud, *fulberte* ; de Roger, *balifarde*. Piftol, à l'imitation de ces Héros, appelle la fienne *hirène*. On dit qu'Amadis des Gaules avoit une épée de ce nom. *Hirir* fignifie frapper, d'où il eft probable que le nom *hirène* eft dérivé, comme qui diroit, épée tranchante. *Theobald.* Il l'appelle encore *atropos*.

Acte III.

(1) L'hiftoire de Sir Dagonet fe trouve dans la *mort d'Arthur*, vieux Roman très-fameux du tems de Shakefpear. « Lorfque le
» *Papifme,* dit Asham, comme une eau ftagnante, couvroit tout
» le Royaume, on ne lifoit guères dans notre Langue que des
» livres de Chevalerie pour s'amufer : ces livres étoient faits
» dans les Monaftères par des Moines oififs ; par exemple, la
» *mort d'Arthur.* Dans ce Roman, Sir Dagonet eft le fou, le
» bouffon du Roi ; & Shakefpear n'auroit pas voulu que fon Juge
» pût repréfenter un plus noble caractère ». Ce Dagonet étoit un

NOTES.

apprentif Epicier de Londres, qui partit pour Jérufalem, & devint Chevalier. *Johnfon*. Cette note fent le Proteftant.

Acte IV.

Scène V.

(1) C'eſt à cette foi, ſi indignement violée, & à la mort de Richard Scroop, Archevêque d'York, qu'un Hiſtorien Anglois, Clément Maydeſtone, attribue les malheurs qui arrivèrent à Henri IV; & il obſerve qu'il fut frappé de la lèpre, & que ſon corps, embarqué pour Cantorbery, fut dans le trajet jetté à la mer, au milieu d'une tempête furieuſe, & qu'il ne reſta que le cercueil, qui fut enterré en grande pompe.

Scène IX.

(2) M. Seymour, dans ſa *Vue de Londres & de Weſtminſter*, fait mention de ce phénomène, & parle de pluſieurs flux & reflux remarquables de la Tamiſe. Le 12 Octobre 1411, la douzième du règne d'Henri IV, elle eut trois flux en un jour: la Tamiſe & le Medway tarirent dans l'eſpace de pluſieurs milles en 1114, &c.

(3) « Le Roi, dit Holinſhed, dans ſa dernière maladie, avoit fait poſer ſa couronne, à la tête de ſon lit, ſous ſon oreiller; & il eut enſuite un ſi violent accès, qu'il reſta auſſi immobile que ſi ſes eſprits vitaux euſſent été tous éteints. Ceux qui l'entouroient, crurent ſi bien qu'il étoit mort, qu'ils lui couvrirent le viſage de ſon drap. Le Prince, ſon fils, en ayant été averti, entra dans la chambre du Roi, prit la couronne, & s'en alla. Le père, étant revenu preſqu'auſſi-tôt de ſa léthargie, s'apperçut que ſa couronne lui manquoit; & ayant ſu que c'étoit ſon fils qui l'avoit emportée, il le fit venir devant lui, lui demanda quelle raiſon il avoit eue pour l'outrager à ce point ? Le Prince lui répondit, avec une hardieſſe ingénue: « Seigneur, moi, & tout le monde . nous vous avons cru mort, & en conſéquence, comme votre héritier pré-

12   NOTES.

fomptif, j'ai pris la couronne comme étant à moi, & non pas comme étant à vous. — Ah ! mon cher fils, s'écria le Roi avec un profond foupir, Dieu fait quel droit j'avois fur elle. — Hé bien, dit le Prince, fi vous mourez Roi, j'aurai la Couronne, & je me propofe bien de la défendre avec l'épée contre mes ennemis, comme vous avez fait vous-même ». *Steevens*.

(4) Les loups étoient fort communs dans l'Angleterre & dans le pays de Galles. Le Roi Edgar, pour les détruire, au lieu du tribut impofé par Athelftan, enjoignit à Ludwal Aler, Prince de Galles, de lui payer par année trois cens loups. En quatre années les loups furent détruits : delà l'expreffion *tête de loup*, pour fignifier la tête d'un homme profcrit par la bouche du Roi, & que tout homme pouvoit tuer.

(5) Comme cette Pièce n'a jamais, de notre connoiffance, été divifée en Actes par l'Auteur, je ferois affez difpofé à la terminer au quatrième Acte par ce Vers :

C'eft dans cette Jérufalem que Henri doit mourir.

Les Scènes poftérieures qui forment ici le cinquième Acte d'Henri IV, pourroient tout auffi bien être les premières d'Henri V. La vérité eft, qu'elles peuvent également fervir à l'une ou l'autre Pièce. Lorfque ces trois Pièces furent repréfentées, je crois qu'elles finiffoient comme elles finiffent aujourd'hui dans les éditions. Mais il paroît que le deffein de Shakefpear fut que toute la fuite de l'action, depuis le commencement de Richard II, jufqu'à la fin d'Henri V, fût confidérée par le Lecteur comme un feul corps d'ouvrage, fait fur un même plan, & qui n'étoit féparé en plufieurs Parties que par la néceffité de la repréfentation. *Johnfon*.

NOTES.

Acte V.

(1) Il paroît par cet exemple, & par beaucoup d'autres, qu'anciennement les basses conditions du peuple n'avoient aucuns surnoms, & qu'on les désignoit par le titre de leur profession. Le Cuisinier de Guillaume Cannynges, Marchand de Bristol, est enseveli sous une pierre, près du monument de son Maître, dans la belle Eglise de Sainte Marie Red-cliff (Rouge-Mont). Sur cette pierre sont représentés les attributs de sa profession, un couteau & une écumoire, avec cette épitaphe : *Hic jacet Willm's Coke, quondam serviens Will' Cannynges, mercatoris Villa Bristol; cujus anima propitietur Deus.*

Comme Shallow étoit un Juge de ce pays, Shakespear peut avoir donné à Davy autant d'Offices que Farquhar en assigne à Scrabe, Clerc de l'Ecuyer Surry. (Dans ses beaux Stratagêmes, *Acte III.*)

« Le Lundi, dit Scrabe, je conduis le carosse, le Mardi je mène la charrue, le Mercredi je suis les chiens, le Jeudi je fais payer les Fermiers, le Vendredi je vais au marché, le Samedi je dresse les comptes, & le Dimanche je tire la bierre ».

(2) Guillaume Gascoigne, lorsqu'il n'étoit qu'Avocat, avoit eu Henri Bolinbroke pour Client; c'est lui, qui à la mort de Jean de Gaunt, se présenta à la Cour des Mineurs, pour demander au nom de Henri, son héritier, les biens & domaines de la succession. Richard II révoqua ses Lettres-patentes, refusa la délivrance de l'hérédité; & par cette injustice, fournit à l'héritier de Gaunt le prétexte de son invasion dans le Royaume. Lorsque Henri fut possesseur du Trône, il établit Gascoigne Chef de Justice du Banc-du-Roi, dès la première année de son règne. Gascoigne, dans cette place, acquit la réputation d'un Magistrat savant, intègre, & d'un Juge éclairé & intrépide. Quant à son histoire avec le fils du Roi, voici comme Thomas Elyot, dans

14 NOTES.

son Ouvrage intitulé *le Gouverneur*, raconte le fait : « Le cé-
» lèbre Henri V, Roi d'Angleterre, étoit connu du vivant
» de son père, pour le caractère le plus impétueux & le plus
» effréné : Il arriva qu'un de ses gens, qu'il protégeoit singu-
» liérement, fut emprisonné par Gascoigne pour crime de félo-
» nie, & cité au Banc-du-Roi. Le Prince en fut averti ; & excité
» par la mauvaise compagnie avec laquelle il vivoit, il courut
» furieux à la Barre, où son Domestique étoit en état de pri-
» sonnier, & il commanda qu'on lui ôtât ses fers & qu'on le mît
» en liberté. Toute l'Audience resta interdite au mouvement de
» sa fureur, excepté le Juge, qui exhorta, avec respect & dou-
» ceur, le Prince à se calmer & à permettre que son Domestique
» fût jugé suivant les anciennes Loix du Royaume ; ou s'il
» vouloit le sauver de leur rigueur, qu'il eût à obtenir sa grace
» de la clémence de son père ; moyen qui n'offenseroit point la
» Justice & ne dérogeroit point aux Loix. Cette réponse ne fit
» qu'irriter davantage le Prince, qui voulut lui-même délivrer
» & emmener de force le prisonnier.

» Le Juge, considérant le danger de l'exemple, & les incon-
» veniens qui pourroient résulter d'une violence aussi contraire
» aux Loix, ordonna au Prince de lâcher le prisonnier, & de
» sortir. A cet ordre, le Prince ne se connoissant plus de rage,
» s'avança d'un air terrible jusqu'au siége où le Juge étoit assis.
» On crut qu'il alloit le tuer, ou du moins le maltraiter cruelle-
» ment. Mais le Juge, sans bouger de sa place, avec toute la ma-
» jesté d'un représentant du Roi sur son Tribunal, & d'une conte-
» nance ferme & assurée, adressa au Prince ces paroles :

» Souvenez-vous que la place que j'occupe, n'est pas la mienne,
» mais celle du Roi votre père & votre Souverain, à qui vous
» devez une double obéissance. Si vous violez ainsi les Loix de Sa
» Majesté, qui vous obéira, lorsque vous serez Roi vous-même ?
» Au nom du Roi, je vous ordonne de vous désister de votre

» entreprife infenfée & illégale, & je vous exhorte à donner
» déformais un meilleur exemple à ceux qui, dans la fuite, de-
» viendront vos propres Sujets; & pour punir votre infulte &
» votre défobéiffance, je vous enjoins de vous rendre prifonnier
» du Banc-du-Roi, où vous refterez, jufqu'à ce que j'aie connu
» les intentions du Roi votre père.

» Frappé de cette apoftrophe, & admirant auffi la gravité & la
» fermeté courageufe de ce Juge refpectable, le Prince refta
» muet, dépofa fes armes, fit une inclination refpectueufe
» au Juge, & fortit pour fe rendre en prifon, fuivant l'ordre
» qu'il en avoit reçu. Tous fes gens, indignés de ce traitement,
» vinrent trouver le Roi, & lui racontèrent tout ce qui venoit de
» fe paffer. Le Roi, comme un homme tranfporté d'une joie
» raviffante, leva les yeux & les mains au Ciel, & s'écria à haute
» voix : O Dieu de bonté ! combien je te dois plus que tous les
» autres hommes ! Que je fuis heureux d'avoir un Juge qui ne
» craint pas d'exercer la juftice fur mon propre fils ! Que je fuis
» heureux auffi, d'avoir un fils qui fait ainfi obéir & fe foumettre
» à la Juftice ! »

Shakefpear a altéré un peu l'Hiftoire, en ce qu'il a fait co-
exifter le Juge Gafcoigne & Henri V; car Gafcoigne mourut
fous le règne de fon père. Gafcoigne étoit d'un caractère à dé-
daigner de faire devant Henri V, l'apologie d'une action jufte,
dictée par fon devoir & fa vertu : mais le Poëte, par ce léger
changement, nous a fait préfent d'une fcène bien intéreffante &
bien morale. Elyot ne dit rien du foufflet donné au Juge par le
Prince : cependant Speed affure, fans citer d'autorité, qu'il le
frappa au vifage. *Hawkins.*

Ce vertueux Juge fut enterré dans l'Eglife de Harwood, dans
la Province d'York. On voit fur fon tombeau fa ftatue en robe
de Magiftrat.

Le nom de ce Juge étoit Hankford; il ne jouit jamais de
l'heureux accueil que le jeune Roi fait ici à fa vertu.

NOTES.

Shakespear a eu sans doute pour but de rehausser encore, par ces traits, notre bonne opinion du jeune Roi; & sous ce rapport, quoique le fait soit faux, il peut cependant, d'après la distinction des Moralistes, être considéré comme une vérité secondaire, parce qu'il s'accorde très-bien avec le caractère & le personnage, & que, suivant toute apparence, il seroit réellement arrivé, si ce Juge infortuné avoit vécu & se fût présenté devant le jeune Roi. Mais, hélas! O inconséquence de la nature humaine! ce Juge si plein de droiture & de fermeté, ce brave homme, fut frappé d'une si grande terreur panique, à la nouvelle du décès d'Henri IV, qu'il forma sur le champ le projet de se détruire lui-même de la manière suivante: Il donna des ordres rigoureux au Garde de son Parc de tirer sans rémission sur quiconque tenteroit de passer au travers de ses terres, sans dire son nom & son objet; la nuit suivante, il passe lui-même au travers de son Parc, & refuse de répondre au Garde, qui le tua sur le champ, conformément au plan insensé formé dans sa crainte pusillanime. *Mistriss. Griffith.*

(3) A moins que *Silence* n'appelle Falstaff Saint-Dominique, par allusion à son énorme embonpoint, & qu'il ne veuille tirer sur les débordemens des Moines du tems, je ne sais ce que ce mot veut dire. *Steevens.*

Suivant Warton, le Juge Silence est représenté ici au milieu des verres, & il existe une ancienne Ballade, où un San-Domingo, ou Signor Domingo est célébré pour ses hauts faits dans l'ivrognerie. Silence, dans l'effusion de son ivresse, fait allusion à quelque vieille chanson, où ce Signor, ou Saint de table, servoit de refrein.

Tollet remarque, que quant à la gloutonnerie & à l'ivrognerie des Dominicains de ce siècle, un de leur Ordre s'explique en ces termes: *Sanctus Dominicus sit nobis semper amicus, cui canimus.— Siccatis ante lagenis fratres qui non curant nisi ventres.* Par-là *Domingo* peut être devenu un refrein de chanson à boire.

Note

NOTES.

Note sur Oldcastle; Voyez tome IX. Épilog. de la seconde Partie d'Henri IV.

(1) *My old lad of the Castle.* Cette dénomination fait allusion au premier nom que Shakespear avoit donné à ce caractère bouffon, qui d'abord parut sous le nom de Old-Castle; & lorsqu'il changea ce nom, dans la suite, il oublia d'effacer cette expression qui s'y rapportoit. Voici quelle fut la raison de ce changement: Un Sir Jean Oldcastle fut mis à mort sous Henri V, pour les opinions de Wicleff: on fut choqué de voir son nom sur la scène, & Shakespear le changea en celui de Falstaff. « Les Poëtes dramatiques, dit Fuller, se sont joués avec beaucoup d'audace, & d'autres avec beaucoup de gaieté, de la mémoire du Sir Jean Oldcastle, qu'ils représentèrent comme un bon Compagnon, aimant la joie, & un poltron qui aimoit encore plus la vie. Le nom de Jean Falstaff est venu soulager la mémoire de Jean Oldcastle, & ce nom a été substitué au premier, dans le caractère comique ». Mais, pour dire le vrai, il n'y avoit aucune malice dans l'intention de Shakespear; le Poëte avoit besoin d'un nom comique pour son caractère, & il n'examina jamais à qui ce nom avoit pu appartenir. Nous voyons de même, dans *les Femmes joyeuses de Windsor*, qu'il donne à un Charlatan François le nom de Caius, nom qui dans ce temps-là étoit très-respectable, & étoit celui d'un Médecin des plus savans & des plus célèbres, l'un des Fondateurs du Collège de Cambridge. *Warburton.*

« Cette Note de Warburton, ni les raisons de Théobald, ne me font, dit Steevens, aucune impression, & ne me feront point changer de sentiment. Sir Jean Oldcastle n'étoit point un caractère introduit par Shakespear, & jamais il n'a occupé la place de Falstaff. La Pièce où se trouvoit le nom d'Oldcastle, n'étoit point l'ouvrage de notre Poëte.

Tome X. c

» *Old Lad* (vieux Garçon), eft une dénomination familière qu'on trouve fréquemment dans la plupart des anciennes Pièces dramatiques.

» C'eft la même chofe que *old lad of Caftile*, ou un Caftillan. Merès compte *Olivier of the Caftle*, du Château, du Caftel, parmi fes Romans.

» Ce nom n'eft donc pas une preuve que Falftaff ait jamais paru fous le nom d'Oldcaftle.

» On ne nie point pour cela l'exiftence de la famille Oldcaftle ; & quand Shakefpear auroit emprunté du véritable Oldcaftle quelque trait qu'il auroit tranfporté à fon caractère de Falftaff, il ne s'enfuivroit pas que Falftaff fût le voile, le nom qui déguifoit & couvroit les défauts du réel Oldcaftle ; & ce fera fur quelque reffemblance de traits, entre Falftaff & Oldcaftle, qu'on aura fort aifément forgé l'hiftoire, que le Poëte fut obligé de changer ce nom en celui de Falftaff, fur les plaintes de la famille ». *Steevens.*

Fin des Notes des deux Parties d'Henri IV.

Opinion de M. Tollet Esquire, demeurant à Bettley, dans la Province de Stafford, sur les Danseurs Moresques (†) *qui sont peints sur les loʒanges de sa fenêtre.*

« LA célébration du premier jour de Mai, est la fête qui est représentée sur les verres peints de ma fenêtre ; fête très-ancienne (¶) observée par les personnes du plus haut rang, par les Rois mêmes comme par le Peuple. On lit dans la *Cour-d'Amour de Chaucer*, que dès l'aurore du premier de Mai, toute la Cour, depuis le plus grand jusqu'au plus petit, sortoit pour aller cueillir des fleurs fraîches, des branches vertes & de jeunes boutons. « L'histoire rap-
» porte que le jour de Mai, Henri VIII, au commence-
» ment de son règne, se levoit dès le point du jour avec
» ses Courtisans, pour aller couper le Mai ou des bran-
» ches vertes ; & qu'ils alloient avec leurs arcs & leurs
» flèches tirant au bois ». Stowe, dans sa *Vue de Londres*, nous apprend que chaque Paroisse de cette Ville, ou deux ou trois Paroisses jointes ensemble, avoient leurs fêtes de Mai; qu'ils alloient chercher des arbres de Mai, & se livroient à divers exercices de guerre ; qu'il y avoit d'habiles Archers, des Danses Moresques, & autres jeux dont ils se diver-

---

(†) On a vu dans divers passages des deux Pièces d'Henri IV, plusieurs allusions à ces Danses Moresques & à la Pucelle Marianne, dont on trouvera ici la clef.

(¶) En Normandie, il subsiste encore une Assemblée-Foire le premier jour de Mai.

c ij

ij RECHERCHES

tiſſoient tout le long de ce jour ſolemnel. Shakeſpear (†) dit, qu'il étoit impoſſible de faire dormir le peuple le matin du jour de Mai, & qu'ils ſe levoient dès le premier point du crépuſcule, pour célébrer cette fête avec toutes ſes cérémonies. La Cour du Roi Jacques premier, & le menu Peuple, conſervèrent long-temps cette coutume, comme l'atteſte le Gloſſaire de Spelman dans ſes remarques, au mot *Maïuma*.

De plus ſavans Juges que moi peuvent décider, que l'inſtitution de cette fête tire ſon origine des jeux floraux de Rome, ou de la *Beltine Celtique* : pour moi j'imagine qu'elle nous vient des Goths, nos ancêtres. Olaus Magnus (*de Gentil? Septemtrion*. Liv. XV, c. 8) dit, « qu'après leur » long hiver, qui commençoit aux premiers jours d'Oc- » tobre, & duroit juſqu'à la fin d'Avril, les Nations du » Nord avoient coutume de ſaluer & de fêter le retour » brillant du Soleil par des danſes, & de ſe feſtoyer mu- » tuellement les uns les autres, pour marquer leur joie du » retour de la ſaiſon de la pêche & de la chaſſe ». En l'honneur du jour de Mai, les Goths & les Suédois Méridionaux avoient un ſimulacre de combat entre l'hiver & l'été, & cette cérémonie ſubſiſte encore dans l'iſle de *Man*, où les Danois & les Norvégiens ont long-temps été les maîtres. Il paroît, par la chronique d'Holinſhed (*vol. 3, pag.* 314, vers l'année 1306), qu'avant cette époque, la jeuneſſe des Bourgs & des Hameaux éliſoit un Roi & une Reine d'été pour danſer autour des *Mai*. Il ne faut pas douter que ces Majeſtés n'euſſent leur Cour & leurs Officiers; c'eſt-à-dire les hommes les plus propres à divertir

―――――――――――――――――――――――
(†) *Henri VIII*, Acte V, Scène III; & *le Songe de la nuit d'Été*, Acte IV, Scène première.

les Spectateurs : & nous pouvons préfumer que quelques-uns de ces caractères changeoient, felon que les modes & les coutumes venoient à changer. Environ un demi fiècle après, il fe fit une addition importante à ces divertiffemens, par l'introduction des *Morris-dance* ou danfe Morefque, laquelle, fuivant les conjectures très-vraifemblables de M. Peck, dans fes Mémoires de Milton, fut introduite en Angleterre fous Édouard III, lorfque Jean de Gaunt revint d'Efpagne, où il avoit été au fecours de Pierre, Roi de Caftille, contre Henri le Bâtard. Cette danfe, dit M. Peck, s'exécutoit ordinairement en plein air par un nombre égal de jeunes gens qui danfoient en chemife, avec des rubans & de petites clochettes autour des jambes. Mais en Angleterre, il y a toujours de plus un perfonnage grotefque : c'eft (†) un jeune garçon habillé en jeune fille, qu'ils appellent *la Pucelle Marianne* ; ancien caractère favori dans les jeux. Ainfi, comme Peck le remarque fur ces mots de Shakefpear (¶), *they made more matter for a May-morning* : ils fe donnèrent bien plus de mouvement pour un matin de Mai. « Ils ne manquoient jamais d'a-» voir une gauffre pour le Mardi gras, & un Danfeur Mo-» refque pour le jour de Mai ».

Nous fommes autorifés, par les Poëtes Benjonfon &

(†) Il eft évident d'après plufieurs Auteurs, que le rôle de la jeune Marianne étoit fréquemment exécuté par une jeune femme ; & je crois, le plus fouvent, par une jeune femme d'une réputation intacte. Le maintien de la Marianne, qui eft repréfenté fur ma fenêtre, eft décent & gracieux. — C'étoit peut-être un perfonnage qui reffembloit à nos Rofières modernes.

(¶) *La douzième nuit*, acte III, fcène IV : *tout eft bien qui finit bien*, acte II, fcène II.

Drayton, à appeller *Danseurs Moresques* quelques-unes des figures représentées sur ma fenêtre, quoique je ne puisse décider si chacune d'elles représente un personnage More; car aucune n'a le visage noir ou basané; ils ne brandissent dans leurs mains (†) ni épées ni bâtons, & leurs chemises ne sont point ornées de rubans. Nous trouvons dans Olaus Magnus, que les Nations du Nord dansoient avec des clochettes d'airain autour de leurs genoux; & peut-être en avons-nous de ceux-là de peints dans plusieurs de ces figures : ils pouvoient être les premiers Danseurs Anglois qui parurent dans une fête de Mai, avant l'introduction de la vraie Danse Moresque.

Quoi qu'il en soit, cette fenêtre représente un divertissement favori de nos ancêtres dans tous ses principaux rôles. Je vais tâcher d'expliquer quelques-uns de ces caractères; & par honneur pour la jeune Marianne, je commencerai par la description de la ligne où elle se trouve placée.

Première figure.

J'ai le bonheur de me rencontrer avec M. Steevens, dans l'opinion où je suis que la première figure pourroit

---

(†) Dans la danse More, les Danseurs tenoient des épées dans leurs mains, la pointe en haut. Les Goths en faisoient de même dans leur danse militaire, dit Olaus Magnus. Haydocke, dans sa traduction de Lomazzo sur la peinture, dit : « Il y avoit d'autres caractères de danses en usage, tels que ceux qui sont représentés avec des armes dans leurs mains, tournant en rond dans un cercle, gabriolant avec souplesse, & agitant leurs armes à la façon des Mores, avec diverses figures de danses : d'autres qui avoient des cloches Moresques pendues à la cheville du pié ».

bien défigner le fol *Bavien*, ou le fol avec un tablier ou bavette. *Bavon*, dans le Dictionnaire François de Cotgrave, fignifie une *bavette pour un enfant qui bave* (†) : & cette figure, avec cet attribut de l'enfance, a auffi la contenance & la fimplicité d'un enfant. M. Steevens a recours à un paffage de la pièce de Beaumont & Fletcher, intitulée *les deux nobles Coufins*, par lequel il paroît que le Bavien, dans la Danfe Morefque, étoit un fauteur, & qu'il contrefaifoit l'aboiement d'un chien. Je préfume que plufieurs des Danfeurs Morefques qui font peints fur ma fenêtre, faifoient dans l'occafion des fauts périlleux, & déployoient toute leur habileté, fur-tout lorfqu'ils étoient autour du Mai ; & je conçois que les *gigues*, les *mufettes* & le *hay* (danfe en rond), étoient leurs principales danfes.

Le bonnet du Bavian eft rouge, avec des bords jaunes ; fa bavette eft jaune, fon pourpoint bleu, fes bas rouges, & fes fouliers noirs.

Seconde figure.

La feconde figure eft la fameufe Marianne, qui, en qualité de jeune Reine de Mai, a une couronne d'or fur fa tête, & dans fa main gauche une fleur, pour emblême de l'été. La fleur femble être un œillet rouge : les points dont l'œillet eft marqué, ont été omis par le Graveur, qui avoit copié la fleur d'une peinture où étoit la même omiffion. Olaus Magnus parle de l'art de faire venir les fleurs pour la célébration du jour de Mai ; & la fuppofition d'une pratique femblable, expliquera ici comment la Reine de Mai a dans fa main une fleur avant la faifon où la Nature les fait éclore dans ce climat (¶). Son habille-

---
(†) *Bavin*, Bourrée.
(¶) Markam, dans fa traduction de la Maifon Ruftique de

ment étoit autrefois composé de tout ce qu'il y avoit de plus élégant & de plus à la mode. C'étoit anciennement la coutume des jeunes Demoiselles, de porter leurs cheveux épars à leur couronnement, à leurs nôces, & peut-être à toutes les solemnités brillantes. Marguerite, fille aînée de Henri VII, fut mariée à Jacques, Roi d'Écosse, avec la couronne sur la tête, les cheveux flottans sur les épaules. Entre la couronne & les cheveux, étoit une coëffe très-riche, qui pendoit dans toute la longueur du corps. Ce seul exemple explique suffisamment la parure de la tête de Marianne. Sa coëffe est de couleur pourpre, son manteau est bleu, ses manchettes blanches, les pans de sa robe jaunes, les manches de couleur de chair, & sa pièce d'estomac rouge, avec un lacet jaune lacé en lozanges. Dans le *Henri VIII* de Shakespear, Anne Boulen, à son couronnement, a les cheveux flottans; mais sur sa tête, une coëffe entourée d'un cercle de riches diamans.

Troisième figure.

La troisième figure est un Moine avec une large tonsure monachale, un chapelet de Patenotres blanches & rouges dans sa main droite. En signe de son humilité profonde, ses yeux sont baissés vers la terre. Sa ceinture de corde, & son habit brun, font voir qu'il est de l'Ordre des Franciscains, ou un des *Moines gris*, suivant le nom vulgaire qu'on leur donnoit d'après leur costume, qui étoit brun, comme l'observe Holinshed. (En 1586, *vol.* 3, *pag.* 789). Le mé-

---

Géresbatch, en 1631, observe que des giroflées mises dans des pots, & portées sous les voûtes ou des caves, avoient fleuri tout le long de l'hiver, par la simple chaleur du lieu.

lange

lange de couleurs qu'on remarque sur son habit, peut être comparé à un nuage gris, légérement teint de rouge par les rayons du Soleil levant, & rayé de noir : & telle étoit peut-être l'aurore de Shakespear, ou *le matin vêtu d'un manteau gris-brun ;* Hamlet, *acte I, scène I.* Les bas du Moine sont rouges ; sa ceinture est rouge & ornée d'un cordon & d'une frange d'or. A sa ceinture pend une besace pour recevoir la provision, le seul revenu des Ordres mendians, qui étoient nommés *Besaciers* ou *Porte-Besace.* C'étoit (†) la coutume dans les premiers temps, que les Prêtres & le Peuple allassent en procession à quelque bois voisin, le matin du jour de Mai, & ils en revenoient comme en triomphe, rapportant le Mai, des branches, des fleurs, des guirlandes, & autres gages du printemps : & comme les Moines gris étoient très-considérés, peut-être que leur présence, dans cette cérémonie, étoit souvent requise. La plupart des Moines de Shakespear sont des Franciscains. Steevens conjecture fort ingénieusement, que comme Marianne étoit le nom de la maîtresse bien-aimée de *Robin-Hood* (¶), & comme elle étoit la Reine de Mai, le Moine Moresque désignoit le Moine Tuck, Chapelain de *Robin Huid*, Roi de Mai; nom que porte Robin-Hood, dans les extraits que David Dalrymple a donnés du livre de l'*Église Universelle*, dans l'année 1576.

(†) Voyez *Maii inductio* dans le Dictionnaire de Droit de Cowel. Tandis qu'il étoit défendu par l'Evêque Diocésain, aux Prêtres de Paroisse, d'assister aux jeux de Mai, les Franciscains pouvoient s'y trouver, comme étant exemts de la Jurisdiction Épiscopale.

(¶) Nous avons expliqué ailleurs ce que c'étoit que Robin-Hood. *Voyez* le 8ᵉ vol.

Quatrième figure.

On a pris la quatrième figure, pour un Écuyer de Marianne. Steevens la regarde comme son amant, qui, par politesse, paroît devant elle la tête nue : & comme c'étoit la coutume que les jeunes fiancés portassent quelque marque pour gage de leur mutuel engagement, il croit que la fleur en croix qui est sur le front de la figure, & la fleur que Marianne tient dans sa main, annoncent leurs fiançailles ou contrat. Le *Calendrier du Berger*, de Spenser, au mois d'Avril, désigne les fleurs que portoient les Amans : c'étoient des œillets, des colombines pourpre, des giroflées, des œillets carnés. Quant à moi, je suppose que la fleur que tient Marianne est un œillet, & celle de l'Amant une tige de giroflée ou de l'*hesperis*, de la *violette de Dame* ou *de la giroflée de Reine* : mais peut-être est-ce aussi un nœud de ruban.

Un savant Botaniste prend la fleur qui est sur le front du garçon, pour un *épimédium*. Plusieurs particularités de cette figure ressemblent à *Absalon*, le Clerc de la Paroisse, dans le conte du *Meûnier*, de Chaucer, telles que ses cheveux frisés & d'un blond d'or, son antique habillement de couleur bleue, ses bas rouges & ses souliers découpés & taillés en trous à jour comme les fenêtres de l'ancienne Église de Saint-Paul. Ma fenêtre représente clairement une poche ou petite malle sur sa cuisse droite, où il peut, comme le Trésorier de la Compagnie, mettre la monnoie qu'il a pu ramasser, quoique le Cordelier ne doive, d'après sa règle, porter aucun argent sur lui. Si l'on ne veut pas que cette figure puisse être un Clerc de Paroisse, j'inclinerois alors à y voir un joueur de gobelets, ou quelque bateleur à la suite du *maître du bâton enjolivé*

(*Hobby-horſe*, cheval-bâton) : comme, faire des tours de gibecière, ſignifie dans le Dictionnaire François de Boyer, faire des tours par la vertu du *Hocus-Pocus*. Sa pièce d'eſtomach ou gourgandine (*palatine*) a un lacet jaune, & ſes ſouliers ſont auſſi de couleur jaune. Benjonſon parle du *Hocus-pocus* dans le juſte-au-corps (*jerkin*) d'un eſcamoteur, que Skinner fait dériver de *kirtlekin*, eſpèce d'habit court; & tel paroît être celui de cette figure.

Cinquième figure.

La cinquième figure eſt le Cheval-bâton (*Hobby-horſe*) qui a ſouvent été oublié ou inutile dans la Danſe Moreſque, tandis que la jeune Marianne, le Moine & le Fol continuoient d'y être admis, comme il eſt indiqué dans la Maſcarade de Benjonſon, intitulée : Les Bohémiennes (*Gypſies*) *métamorphoſées*, & dans ſon *divertiſſement de la Reine & du Prince, à Althorpe*. Notre *Hobby* eſt un cheval fougueux, de carton, ſur lequel le maître danſe, & déploie ſes tours de paſſe-paſſe, comme d'enfiler une aiguille & de porter des poignards ſur le nez, comme nous l'apprend Benjonſon (*vol*. 1, *pag*. 171 ; *édit*. 1756), qui explique par-là le tour des épées dans les joues d'un homme. Je crois que ce qui eſt attaché dans la bouche du cheval, eſt une cueillier-à-pot ornée de rubans. Elle ſervoit à recevoir les dons pécuniaires des Spectateurs. La houſſe cramoiſi, brochée d'or, le mors d'or, la bride de pourpre, avec les rênes d'or, & garnies de cloux d'or ; le manteau de pourpre du Cavalier, avec une bordure d'or, treſſée de pourpre ; ſa couronne d'or, ſon bonnet de pourpre, avec une plume rouge & une houpe d'or, me portent à croire que cette figure repréſente le Roi de Mai, quoiqu'il paroiſſe ſous la forme d'un joueur de gobelets ou d'un bouffon. Il faut nous rappeller la fimplicité des anciens tems, qui ne connoiffoient nullement la belle Littérature, & qui fe plaifoient à voir des farceurs, des fauteurs, des bateleurs & des pantomimes. L'Empereur Louis-le-Débonnaire faifoit venir des acteurs de ce genre aux fêtes ; & par complaifance pour le Peuple, il étoit obligé d'affifter à leurs farces, malgré fon averfion pour les fpectacles publics. La Reine Élifabeth fut divertie à Kenelworth, par des fauteurs Italiens, des Danfeurs Morefques, &c. La couleur du cheval-bâton eft d'un blanc rougeâtre, comme la belle fleur du pêcher. Le jufte-au-corps ou manteau du Cavalier, eft le feul de tous ceux qui font repréfentés fur ma fenêtre, qui foit garni de boutons; & le côté droit eft en jaune, & le gauche en rouge. Cet habit de deux paroiffes, & les bas de deux couleurs, furent en ufage depuis le temps de Chaucer jufqu'à celui de Benjonfon, qui, dans une Épigramme, parle d'une peinture à moitié drapée en (*cyprus*) crêpe noir, & à moitié en linon très-fin.

Sixième figure.

La fixième figure paroît être un Payfan, un bon Laboureur, à fon vifage brun, à fes cheveux mal taillés, à fes membres nerveux. Dans la pièce de Beaumont & de Fletcher, intitulée : *Les deux nobles Coufins*, on voit un Payfan placé tout à côté du Fol bavien dans la Danfe Morefque; & ici cette figure fe trouve de même près de lui dans la ligne de haut en bas. Son bonnet eft rouge, à rebords jaunes; fa cafaque rouge, avec des manches jaunes, avec des rayures de rouge obliquement dirigées. La partie fupérieure de fes bas eft de la couleur de fes manches; l'autre eft d'un gros pourpre foncé : fes fouliers font rouges.

Septième figure.

La septième figure, à l'extrême propreté de son habillement, pourroit bien être un bon Gentilhomme aisé. Ses cheveux sont frisés, son bonnet est de pourpre, son juste-au-corps est rouge, avec les manches repliées, & son *devant d'estomach* est lacé de rouge. Ses bas sont rouges, rayés d'un brun blanchâtre, & marquetés de brun. Son haut-de-chausse est jaune comme ses souliers.

Huitième figure.

Dans la huitième figure, l'arbre de Mai est peint en jaune & noir, en lignes spirales. Spelman, dans son *Glossaire*, parle de la coutume de dresser un Mai très-haut, & peint de diverses couleurs. Shakespear, dans le *Songe de la nuit d'Été*, acte III, scène II, parle d'un Mai peint. Sur le Mai de ma fenêtre, sont déployées la Croix rouge de Saint-George ou Bannière d'Angleterre, & une flamme ou banderolle blazonnée d'une Croix rouge qui se termine comme la lame d'une épée ; mais les traits en sont ternis & presque effacés. Il est clair, à l'inspection de la fenêtre, que la ligne supérieure de la Croix, qui est séparée dans la gravure, doit être continue (†).

(†) Saint-Jacques étoit l'Apôtre & le Patron de l'Espagne, & les Chevaliers de son Ordre étoient les plus illustres de ce temps. L'enseigne qu'ils portoient étoit blanche, & chargée d'une Croix rouge en forme d'épée. La flame qui voltige sur le Mai, paroît porter une Croix semblable. Si l'on admet cette conjecture, nous avons sur ce Mai la Bannière d'Angleterre & l'Enseigne de l'Espagne ; & peut-être pourroit-on conclure de

RECHERCHES

Keyfler, dans ses antiquités du Nord & des Celtes, nous explique peut-être l'origine des *Mai* : & on voit aussi, par l'Histoire d'Henri I V, dans Mezeray, & par un passage de la Chronique de Stowe, à l'année 1560, que les François étoient dans l'usage d'en ériger. MM. Théobald & Warburton nous apprennent que les jeux de Mai, & en particulier quelques-uns des caractères qui y figuroient, essuyèrent l'humeur Puritaine des premiers tems. Par une Ordonnance du malheureux Parlement (†), d'Avril 1644, tous les Mai furent abattus & emportés par les Connétables (¶) & Bedeaux des Églises ; & après la *Restauration*, il fut permis de nouveau d'en ériger. Je présume qu'aujourd'hui, ils sont généralement négligés & tombés en désuétude : mais à la campagne, nous continuons encore d'orner nos portes, le jour de Mai, de fleurs & de branches de bouleau ; arbre qui étoit spécialement honoré, à cette même fête, par les Goths nos ancêtres.

Neuvième figure.

En preuve que la neuvième figure est Tom (Thomas) le flûteur, M. Steevens cite trois vers de la troisième Églogue de Drayton.

Son tambour, sa baguette de tambour, & sa flûte,

---

cette circonstance, que cette vître a été peinte au mariage de Henri VIII avec Catherine d'Espagne.

(†) *Rump Parliament*, est un nom de mépris qu'on a attaché au résidu de ce malheureux Parlement, qui détrôna Charles premier. *Rump* signifie *croupion*.

(¶) *Constables*, sont des Commissaires de quartier ou de Paroisse.

atteſtent ſa profeſſion. L'aigrette de ſon bonnet, ſon épée & ſon bouclier à points d'argent, dénotent qu'il peut être un noble Méneſtrier ou un Méneſtrier d'un Ordre ſupérieur. Chaucer dit que les Méneſtriers portoient un chapeau rouge. Le bonnet de la figure eſt rouge, à rebords jaunes ; ſon habit eſt bleu, les manches bleues, à rebords jaunes ; quelque choſe qui reſſemble à des *manchettes* rouges, à ſes poignets : ſur ſon juſte-au corps eſt un vêtement rouge ou une eſpèce de manteau court *avec des aiſſelles* (arm-holes), & un collet jaune. Ses bas ſont rouges & garnis en lignes obliques & perpendiculaires, ſur les cuiſſes, d'un lacet étroit & jaune. Cette parure d'ornement paroît être ce qui eſt appellé, *guipé aux cuiſſes*, dans l'Hudibras de Butler ; & l'on trouve encore quelque choſe de ſemblable dans les *peines de l'Amour perdues*, acte IV, ſcène II, où le Poëte dit : *Les rimes ſont la bordure des bas du libertin Cupidon.* — Ses ſouliers ſont bruns.

Dixième & onzième figures.

On a cru que les dixième & onzième figures ſont des Flamands ou des Eſpagnols, & la dernière un More. Le bonnet de la dixième figure eſt rouge, avec un bord bleu; ſon juſte-au-corps eſt rouge, avec des manches rouges le long des bras; ſa pièce d'eſtomach blanche, avec un lacet rouge; ſes bas jaunes, rayés de bleu en travers, & tachetés de bleu. La partie inférieure de ſes bas eſt bleue : ſes ſouliers ſont découpés & d'une couleur blond clair. Je ſuis fort embarraſſé de donner un nom aux eſpèces de franges ou cordons qui flottent & deſcendent de ſes épaules; mais je haſarderai de les nommer des *manches de côté*, ou longues manches fendues en deux ou trois parties. Le Poëte Hocclive ou Occlive, vers le règne de Richard II ou de Henri IV, fait mention de manches de côté des pauvres valets qui balayoient la terre. Dans *beaucoup de peine pour rien*, acte III, scène IV, est décrite la robe d'une Lady, avec des manches qui descendent le long du bras, & des manches de côté ; c'est-à-dire, comme je le conçois, une autre paire de manches ouvertes depuis l'épaule jusqu'au bout, & par-là pendantes aux côtés jusqu'à terre, ou aussi bas que la robe. Si ces manches étoient fendues de haut en bas en quatre parties, elles seroient *quartered* ; c'est-à-dire, partagées en quatre : & Holinshed dit qu'à une Mascarade royale, Henri VIII & quinze autres de sa Cour, parurent en juste-au-corps Allemands, avec de longues manches *quartered*, fendues en quatre ; & je regarde l'usage de les fendre en deux ou trois, comme une variation de cette mode. Steevens pense que Beaumont & Fletcher, dans *le Pélerin*, font allusion à ces figures, dans ces vers.

Cet enchanteur qui me poursuivoit
A des manches comme des aîles de dragon.

Et il croit que c'est de-là que pourroient bien tirer leur origine les banderolles flottantes des Danseurs Moresques d'aujourd'hui dans le Comté de Sussex.

La onzième figure a sur sa tête une petite couronne d'argent, un chapeau de pourpre avec une plume rouge, & une houpe d'or. C'est, à mon avis, la représentation d'un homme de qualité ; car j'ai du penchant à croire que les divers rangs de la société sont peints sur ma fenêtre. Il a un poste d'honneur, ou un rang dans la *file illustre* (†),

---

(†) La file de la main droite est la première en dignité & en considération, suivant les *instructions militaires* de Mansfield.

qui

qui paroît être ici le rang du milieu, laquelle, fuivant ma conjecture, contient la Reine, le Roi, le Mai & l'Homme de qualité. La couronne d'or qui eft fur la tête du Maître du cheval-bâton, dénote la prééminence du rang de ce perfonnage fur la onzième figure; non-feulement (†) par le plus grand prix du métal, mais encore par le plus grand nombre de pointes qui la furmontent. Les fouliers font noirs, les bas rouges, avec des raies brunes ou d'un rouge foncé en travers; fon haut-de-chauffe jaune, fon pourpoint jaune, avec des manches de côté jaunes, & les manches des bras rouges. La forme de fon pourpoint eft remarquable. Il y a une grande variété dans les habille- mens & les attitudes des Danfeurs Morefques de ma fenêtre.

Douzième figure.

La douzième figure eft le Fol de profeffion, qui étoit entretenu dans le Palais du Roi, & dans toutes les grandes maifons, pour le divertiffement de la famille. Il a tous les caractères de fon office, la marotte à la main & le chaperon de fol, avec les oreilles d'âne à la tête. Le fommet du chaperon s'élève en forme de crête de coq, avec une clochette au bout : & Minshew, dans fon Dic- tionnaire, 1627, obferve que tel étoit & eft encore le coftume des fols. Son chaperon eft bleu, bordé de jaune à fon extrémité, découpée en languettes ; fon pourpoint eft rouge, avec des raies obliques d'un rouge plus foncé, & bordé de jaune ; fa ceinture eft jaune, fon bas gauche eft jaune, avec un foulier rouge, & fon bas droit eft bleu,

---

(†) Les anciens Rois de France portoient des cafques dorés: les Ducs & les Comtes en portoient d'argentés.

avec un soulier à semelles de cuir rouge. Stowe parle d'une paire de bas finissant par des semelles de cuir blanc, appellées *cashambles* ou *chausses semelles* de cuir, comme le remarque M. Anstis sur les Chevaliers du Bain. Il y a dans Olaus Magnus la description d'un fol ou bouffon, avec plusieurs sonnettes sur son habit, une marotte dans sa main, & sur sa tête un chaperon & des oreilles d'âne, une plume, & la ressemblance d'une crête de coq. Il paroit que les bouffons étoient jadis très-caressés des Nations du Nord, & sur-tout à la Cour de Danemarck : peut-être notre ancien *Joculator regis* désignoit-il un pareil personnage.

Un Savant du premier mérite, dans la Littérature de l'Histoire, pense que toute la représentation qui est peinte sur ma fenêtre, est celle d'une procession en Danse Moresque autour du Mai; & il est porté à croire, malgré quelques doutes, que les personnages de ma fenêtre sont rangés à rebours. Par cet arrangement, dit-il, cette pièce paroît former un tout régulier, & sa marche est ouverte & fermée par un Fol, dans l'ordre suivant. La douzième figure est le Fol bien connu : la onzième est le More, & la dixième l'Espagnol; personnages qui appartiennent spécialement à la Danse Moresque : & il remarque que l'Espagnol forme ordinairement une espèce de moyen terme entre les personnages Mores & Anglois, ayant les grandes & bisarres manches de l'un, & la pièce d'estomach lacée de l'autre. La neuvième figure est *Tom* le flûteur ; la huitième le *Mai* : suivent après les caractères Anglois, représentant, à ce qu'il croit, les cinq étages de la condition civile. La septième est l'Homme aisé, ou le Bourgeois indépendant. La sixième est un rentier, un Villageois. Il prend la figure cinquième, qui offre un homme sur le Cheval-bâton, pour un Roi More : & d'après plusieurs

SUR LES DANSES MORESQUES. xvij

marques d'une distinction supérieure, pour le plus grand personnage de la pièce, le Monarque du Mai, & l'époux désigné de notre Angloise Marianne. La cinquième est un Homme de qualité. La troisième, le Moine, qui représente tout le Clergé. La première figure est un Fol de moins de conséquence, qui ferme la marche.

Je n'oserai pas assurer si ce plan & cet ordre ont été dans l'intention du Peintre. La description dans l'ordre indiqué par ce Savant, est le revers de la mienne, & commence où la mienne finit.

Quant à l'antiquité de ce vitrage peint, il n'y a ni monument ni tradition qui nous en apprenne rien; & il n'y a d'autre date dans ce lieu, que celle-ci, 1621 : elle est sur une porte; &, à mon avis, elle indique l'année où a été bâtie la maison.

Le livre *des jeux & récréations honnêtes du Dimanche*, *après les prières du soir & des fêtes*, publié par le Roi Jacques en 1618, permettoit les jeux de Mai, les Danses Moresques & l'érection des arbres Mai : & comme Benjonson l'indique dans la métamorphose *des Bohémiennes*, cette jeune Marianne & le Moine, avec le Cheval-bâton, souvent omis, continuèrent d'être introduits quelquefois dans la Danse Moresque, jusqu'en 1621. Je crus jadis que cette fenêtre pouvoit avoir été peinte vers ce tems; mais j'ai à présent des objections à faire contre cette conjecture. Il paroît, par le prologue de la pièce d'*Henri VIII*, que les fols de Shakespear étoient habillés avec une casaque bariolée, bordée de jaune. Le fol de ma fenêtre n'est point dans ce costume, & il a sur sa tête un chaperon que je crois être ce qui couvroit la tête d'un fol avant le tems de Shakespear, ou c'étoit un bonnet avec une crête de coq, comme Johnson & Warburton l'assurent, & y semblent

e ij

autorisés par le passage où le fol du Roi Léar donne à Kent son bonnet, en l'appellant son *coxcomb*, sa *crête de coq*.

J'ignore si on peut former quelque jugement, d'après la manière d'épeler l'inscription en rouleau qui est sur le Mai, sur lequel est déployée l'ancienne Bannière d'Angleterre, & non pas l'Étendard d'union de la Grande-Bretagne, ou la Croix rouge de Saint-George & la Croix blanche de Saint-André jointes ensemble, qui fut ordonnée par le Roi Jacques en 1606, comme l'assure la chronique de Stowe. Il n'y a qu'un seul des pourpoints qui ait des boutons, qui, je crois, étoient d'usage sous le règne d'Élisabeth : aucune des figures n'a de fraises au col. Cette mode commença dans les dernières années de Henri VIII : & à leur défaut de barbe, je serois tenté de supposer qu'elles ont été tracées avant l'an 1535, lorsque Henri VIII commanda à toute sa Cour de raser leurs têtes, & fit raser la sienne & couper sa barbe avec des ciseaux, & ne la fit plus raser. Il est probable que ce verre fut peint dans le tems de sa jeunesse, lorsqu'il aimoit les jeux de Mai, à moins qu'on ne puisse la juger plus ancienne de près de deux siècles.

Telles sont mes conjectures sur un sujet très-obscur, & qu'il est tems que j'abandonne à quelque Érudit plus versé que moi dans l'histoire de nos costumes antiques.

Nouvelles recherches de M. Steevens, sur la personne & la vie de Shakespear. Édition de 1778.

Pope rapporte, comme tenant ce fait de M. Rowe, que Shakespear, jeune, garda les chevaux à la porte du Spectacle. Je ne puis m'empêcher d'observer, dit M. Steevens, que cette Anecdote manque de probabilité. Quoique Shakespear ait quitté Stratford, sa patrie, par les suites d'une étourderie de jeunesse, nous n'avons nulle raison de penser qu'il ait renoncé à la profession de son père, qui faisoit un négoce lucratif, ni à la tendresse de sa femme, qui venoit de lui donner deux enfans, & qui étoit elle-même la fille d'un riche Cultivateur. Il n'est pas vraisemblable, qu'après qu'il fut hors de l'atteinte des poursuites de son persécuteur, il ait caché son plan de vie & le lieu de son séjour à ceux qui ne pouvoient manquer de le secourir, dans son besoin, & lui sauver la triste nécessité de garder les chevaux à la porte d'un Spectacle pour subsister. M. Malone a observé qu'il étoit très-facile au jeune Shakespear de trouver accès au Théâtre. Thomas Green, fameux Comédien de ce tems-là, étoit de la même Ville que lui, & peut-être son parent. Le génie de notre Auteur le portoit à la poésie : ses liaisons avec un Acteur devoient naturellement tourner ses productions vers le genre Dramatique, où il auroit senti par lui-même que la gloire & le profit n'étoient pas incompatibles, & que le Théâtre conduisoit à tous les deux. Que ce fût même dans ce tems-là la coutume d'aller au Spectacle à cheval, c'est ce que j'ignore encore. Les

Théatres les plus fréquentés étoient sur le bord de la Tamise, & les *Pamphlets* satyriques du tems nous apprennent que c'étoit ordinairement par eau qu'on se faisoit conduire à ces lieux d'amusement. Pas un Écrivain ne parle de la coutume d'y aller à cheval, & de faire garder ses chevaux à la porte pendant la durée du Spectacle. D'ailleurs, la certitude de cette Anecdote n'est appuyée d'aucune preuve positive : c'est M. Davenant qui l'a contée à M. Betterton, lequel l'a communiquée à M. Rowe; lequel M. Rowe l'a, suivant Johnson, racontée à M. Pope.

Nouvelles Anecdotes sur Shakespear, recueillies de plusieurs fragmens ramassés par M. Oldys, qui avoit long-temps travaillé à ces recherches, & qui se proposoit d'écrire une vie détaillée de ce Poëte.

Si l'on en croit la tradition, Shakespear s'arrêtoit souvent pour rafraîchir à la taverne de *la Couronne*, dans Oxford, en allant & venant de Londres. L'Hôtesse étoit une très-belle femme, pleine d'esprit & de vivacité : & son mari, M. Davenant, qui depuis fut Maire de la ville d'Oxford, étoit un homme sérieux & mélancolique; mais tous les deux, avec un caractère si opposé, aimoient singuliérement la conversation de Shakespear. Leur jeune fils, Guillaume Davenant, bien connu depuis, étoit alors un enfant qui alloit aux écoles de la Ville, & pouvoit avoir dix-sept à dix-huit ans; & il étoit aussi si épris de Shakespear, que dès qu'il apprenoit son arrivée, il laissoit là l'école pour courir le voir. Un jour un vieux bourgeois qui le connoissoit, le voyant courir à perte d'haleine, lui demanda où il alloit si vîte : *Je vais voir*, répondit le jeune homme, *mon parrein Shakespear. — Voilà un bon enfant*, dit le vieillard : *mais prends garde de prendre le nom de Dieu* (†) *en vain.*

Un des frères cadets de Shakespear, qui remplit une longue carrière, & vécut jusqu'après le rétablissement de Charles II, alloit, dans sa jeunesse, visiter souvent son frère Guillaume à Londres, & le voir jouer dans ses pièces. Il fut fidèle à cet usage, tant que son frère vécut; & après sa mort, il continua toujours de faire le même voyage à Londres, pour voir représenter ses ouvrages. Plusieurs Acteurs de ce tems voulurent le questionner sur son frère & sur son mérite d'Acteur : mais celui-ci étoit si vieux, & sa mémoire & sa tête si affoiblies, que tout ce qu'il put leur dire, c'est qu'il se souvenoit d'avoir vu bien jouer à son frère le rôle du vieillard décrépit *Adam*, dans la Comédie, *comme il vous plaira.*

Au-dessous du buste de Shakespear, dans son monument de l'Église de Stratford, après les deux vers latins que nous avons rapportés dans la préface,

Ingenio Pylium, &c.

on lit cette autre inscription en vers Anglois.

« Arrête, passant : pourquoi précipites-tu tes pas? Lis, si tu peux, & connois celui que la mort jalouse a placé dans ce monument ; Shakespear, avec lequel expira la Nature, & dont le nom orne bien mieux sa tombe, que le luxe le plus somptueux; puisque tout ce qu'il a écrit ne laisse à l'Art qui survit, d'autre emploi que celui de Page aux gages de son rare génie».

(†) En Anglois, parrein, s'appelle *god-father*, père en Dieu.

Ce monument fut élevé en 1741, par les soins du Comte de Burlington, du Docteur Mead, de M. Pope & M. Martin. M. Fleetwood, & M. Rich, firent chacun un présent du produit d'une des pièces de Shakespear. Il fut exécuté par Scheemaker, sur le dessin de Kent.

On lit au bas de ce monument : *Amor publicus posuit.*

La devise du Théatre du *Globe*, étoit : *Totus mundus agit Histrionem* : & Shakespear fit ces deux vers.

Nous sommes plus ou moins ce que nous voyons,
Tous à la fois Acteurs & Spectateurs.

M. Bowman, Comédien, disoit avoir appris qu'une partie du caractère de Falstaff avoit été emprunté d'un Bourgeois de Stratford, qui avoit infidélement violé une promesse faite à Shakespear, ou obstinément refusé de lui céder, pour un prix considérable, une portion de terre qui joignoit le patrimoine de Shakespear, dans la Ville ou près de la Ville de Stratford.

Jacques premier, Prince savant & qui protégeoit les Arts, écrivit de sa main, à Shakespear, une lettre des plus honorables & des plus gracieuses. Le Duc de Buckingham, de qui l'on tient cette Anecdote, avoit vu la lettre dans les mains de M. Guillaume Davenant.

Joseph Taylor, & Jean Lowine, furent instruits par Shakespear lui-même, à jouer, l'un le rôle d'Hamlet, l'autre celui de Henri VIII.

Feu Thomas Osborne, Libraire, ignoroit en quelle langue *le Paradis perdu*, de Milton, avoit été composé ; & il employa un de ses mercenaires, qu'il nourrissoit (†)

(†) Ce Libraire en rappelle un qui disoit fort naïvement : Je voudrois tenir dans mon grenier, Diderot, Rousseau & Voltaire, dans

SUR SHAKESPEAR. xxiij

dans ses greniers, à le traduire de la version Françoise en prose Angloise. Comme on ne peut pas répondre qu'il ne se trouvât aussi un autre Libraire, qui, ignorant dans quelle langue a composé Shakespear, s'aviseroit de le faire traduire de la traduction qui se publie à Paris, il n'est pas inutile de lui observer d'avance, que plusieurs Anecdotes particulières, rapportées dans la Préface de cette traduction, ne sont pas certaines, non plus que la description qu'on y donne du Jubilé de Stratford, & qu'on y représente comme une fête solemnelle, universellement approuvée, & où toute la Nation prît part.

On dit dans cette Préface, que Shakespear vint à Londres sans aucun plan de vie, & que se trouvant à la porte d'un Théatre, il s'y arrêta par une sorte d'instinct, & s'y offrit à garder les chevaux ; — qu'il jouoit supérieurement le rôle de l'Ombre, dans Hamlet ; — qu'il quitta de bonne-heure le Théatre, & retourna vivre, sans faste & sans éclat, dans sa Patrie ; — que les Courtisans de Jacques premier lui adressèrent plusieurs complimens, qui ont été conservés ; — qu'il soulagea de ses bienfaits une veuve, chargée d'une nombreuse famille, & qu'un procès avoit ruinée ; — que ses Éditeurs ont rétabli plusieurs passages dans ses pièces, par le secours des manuscrits qu'il a laissés après lui (†).

---

s'ils n'étoient pas riches ; tous sans culotte : je les nourrirois bien, & Dieu sait comme cela m'abattroit de l'ouvrage.

(†) M. Steevens, critique très-savant, peut bien avoir raison dans son observation sur ces différens faits : mais ce qui lui paroît invraisemblable, a paru fondé à Pope, Rowe, & autres Écrivains célèbres, ses compatriotes ; & l'on peut, sans honte, s'égarer sur

Tome X.   f

Malgré mon observation sur le peu de fondement de ces Anecdotes, je n'oublierai pas la justice qui est due aux talens de ces estimables Traducteurs François, dont l'habileté & la fidélité dans l'exécution d'une entreprise aussi difficile n'est surpassée que par leur extrême candeur, qui seule suffiroit pour couvrir les imperfections d'Écrivains bien moins élégans & bien moins judicieux qu'eux. *Steevens*.

leurs traces. Hors un seul, tous ces faits n'ont rien d'étonnant ni d'extraordinaire : c'est sur la foi de plusieurs témoignages Anglois & publics, qu'on les a rapportés. C'est aux Anglois à décider, lesquels de leurs Auteurs ont le mieux rencontré la vérité dans cette recherche obscure. En attendant, les Lecteurs étrangers peuvent choisir, entre ces autorités opposées, celles qui leur paroîtront les plus raisonnables.

Extrait d'un essai sur l'ordre chronologique des Pièces de Shakespear, par M. Malone, avec cette épigraphe.

Trattando l' ombre come cosa salda. Le Dante.

Toutes les circonstances qui concernent les personnes dont nous admirons les écrits, intéressent notre curiosité. L'époque & le lieu de leur naissance, leur éducation & les progrès graduels de leur génie, les dates de leurs productions, & l'accueil qu'elles reçurent dans le temps, leurs penchans & leurs goûts, leurs amitiés privées, & jusqu'à leurs traits & leur forme extérieure, tout d'eux attire & excite vivement l'attention de la postérité. Non contens de recevoir, comme un don gratuit, la sagesse accumulée des siècles, nous aimons à visiter les demeures où l'on dit qu'habitèrent nos maîtres; nous contemplons, avec une douce émotion, les arbres à l'ombre desquels ils se sont reposés, & nous voudrions voir & converser avec ces sages, dont les travaux ont augmenté le pouvoir de la vertu & l'énergie de la verité.

Depuis Homère, il n'est point de Poëte qui ait excité, comme Shakespear, cette curiosité à un degré suprême; il n'en est point qui ait été plus idolâtré de ses compatriotes. Un ardent désir d'entendre à fond & d'éclaircir tous ses ouvrages, a saisi une foule de Savans de ce siècle, & l'on n'a rien épargné pour remplir & perfectionner cette tâche.

Le même esprit nous a portés à recueillir les faits & les lumières qui peuvent servir à fixer l'ordre de ses compositions, & les dates différentes de chacune de ses pièces.

f ij

Vénus & Adonis.

Le premier essai de Shakespear fut le Poëme de *Vénus & Adonis*, qu'il publia à vingt-neuf ans. Il appelle, dans sa dédicace, le Comte de Southampton, *le premier héritier des productions de sa muse*. Il n'écrivit pas avant 1593; & il continua d'écrire jusqu'en 1613, trois ans avant sa mort; & en vingt années, il composa trente-six pièces.

On connoît le nombre de celles qu'il composa avant 1600 : il y en a seize.

Le *Roi Jean*, les *Méprises*, la *première partie d'Henri VI*, les *deux Véronois*, sont ses productions les plus précoces.

On conjecture que c'est en 1589 qu'il commença à travailler pour le Théatre, à l'âge d'environ vingt-sept ans.

Titus Andronicus. 1589.

J'ai ouï-dire à un ancien Amateur du Théatre, que *Titus Andronicus* n'étoit pas en entier de lui ; qu'un jeune Auteur lui présenta cette pièce, & que Shakespear retoucha seulement deux des principaux caractères. *Ravenscroft.*

Les peines de l'Amour perdues. 1591.

M. Gildon, dans ses remarques sur les *peines de l'Amour perdues*, dit qu'il ne peut deviner pourquoi l'Auteur a donné ce nom à cette Comédie. Voici probablement la suite des idées qui lui suggérèrent ce titre (†).

« Gagner en amour, c'est quelquefois un gain fatal; perdre

(†) If haply won, perhaps a hapless gain : if lost, why then a grievous labour won. *Les deux Véronois*, acte premier, scène première.

en amour, c'est souvent gagner des peines de moins ». *Tout est bien qui finit bien*, fut d'abord intitulé, *les peines de l'Amour récompensées*.

Le Conte d'Hiver. 1594.

Le Conte d'Hiver fut représenté à la Cour au commencement de 1613. M. Walpole pense, que Shakespear se proposa de faire, dans cette pièce, l'apologie d'Anne Bouleyn ; & il la regarde comme une seconde partie d'Henri VIII. — J'inclinerois à penser qu'il faudroit placer la composition de cette pièce en 1601 ou 1602, plutôt qu'en 1594.

Le songe de la nuit d'Eté. 1595.

Le songe de la nuit d'Été me paroît un des premiers ouvrages du Poëte ; par l'espèce de luxe d'imagination qui sent la jeunesse, par la foule de scènes en rimes continues, par la pauvreté de la fable, & le défaut de distinction marquée entre les principaux personnages. Il paroîtroit qu'elle auroit été écrite lors des ridicules disputes de prééminence entre la Tourbe Histrionique, & par une suite de la vive impression que fit sur l'ame d'un jeune homme novice le spectacle de ces mœurs ; ce qui le porta à les peindre d'abord. Il a très-heureusement ridiculisé l'ambition d'un Candidat du Théatre pour les applaudissemens, dans *Bottom le Tisserand*. Mais c'est envain qu'on cherche aucuns traits de caractère, même dans les personnages les plus qualifiés de ce Drame. Les mœurs d'*Hyppolite l'Amazone* n'ont rien qui la distingue des autres femmes. *Thésée*, le compagnon d'Hercule, ne se trouve engagé dans aucune entreprise digne de son rang & de sa réputation, & n'agit point dans tout le cours de la pièce :

comme le Roi Henri VIII, *he goes out a Maying; il sort pour aller cueillir des fleurs de Mai.* Il trouve les amans dans l'embarras, & ne fait aucun effort pour avancer leur bonheur : lorsque des accidens surnaturels les ont réconciliés, il se joint à leur compagnie, & finit le divertissement de la journée par débiter quelques misérables quolibets, dans un intermède représenté par une troupe de paysans. La partie de la fable, qui renferme les querelles d'*Oberon* & de *Titania*, ne sont pas de l'invention du Poëte : on avoit donné, en 1594, une pièce de Green, intitulée : L'*Histoire Écossoise de Jacques IV, tué à Floddon, mêlée d'une agréable Comédie, reprếsentée par Oberon, Roi des Fées* (†).

Dans toute la pièce, les caractères les plus élevés sont asservis aux intérêts des rôles subalternes. Nous rions avec *Bottom* & ses camarades ; mais ce rire n'est excité que par les puériles inquiétudes d'*Hermia* & de *Démétrius*, d'*Hélène* & de *Lysandre*, ces fantômes l'un de l'autre. Il est donc très-probable que ces caractères si nuls, cette fable si maigre & si dénuée d'intérêt, annoncent une production de jeunesse ; & les beautés dont elle est semée ne détruisent point cette conjecture : le génie de Shakespear, même

---

(†) Steevens n'est point de l'avis de M. Malone : il ne croit point que Shakespear ait rien emprunté de cette pièce, dont voici le plan en abrégé. *Bohan*, Écossois, dégoûté du monde, se retire dans un tombeau où il établit son séjour : là, *Uster Oberon*, Roi des Fées, vient le trouver, & le régale d'une danse de ses sujets. Les deux personnages, après quelques momens d'entretien, se décident à écouter une Tragédie qu'on joue devant eux, & ils moralisent à la fin de chaque acte, comme le chœur des Grecs.

dans sa minorité, devoit embellir, de couleurs brillantes & durables, les plus vils matériaux.

Il y a dans le cinquième acte un passage qu'on a cru une allusion à la mort de Spenser (†).

Roméo & Juliette. 1595.

Les premières pièces sont celles où l'Auteur a fait le plus de vers rimés. Ce penchant du Poëte pour la rime, a diminué de plus en plus avec l'âge, quoiqu'il ne l'ait jamais entiérement quitté. *Roméo & Juliette* est une de celles où il y en a le plus, après les *peines de l'Amour perdues* & le *songe de la nuit d'Été*. Cette circonstance & le sujet de la pièce, fait pour captiver un jeune Poëte, me fait croire que c'est la première Tragédie qui soit sortie de sa plume. La citation que la nourrice de Juliette fait d'un tremblement de terre, arrivé onze ans auparavant, n'a aucune vérité. C'est un trait de caractère des vieilles gens du peuple, qui se plaisent à citer une multitude de circonstances, de détails étrangers au sujet, & à dater de quelque événement extraordinaire, comme tremblemens de terre, pestes, comètes, batailles, &c. ainsi dans *Hamlet*, le fossoyeur date le commencement de son métier, de l'année où le feu Roi vainquit Fortinbras, du jour que nâquit Hamlet: ainsi dans *Henri IV*, la gouvernante *Quickly* rappelle à *Falstaff*, qu'il avoit juré sur un verre doré de l'épouser,

---

(†) Spenser & sa femme, dans l'infortune, furent forcés de fuir de leur maison, qui fut brûlée dans les révoltes d'Irlande. Le Comte d'Essex lui envoya un présent de deux cents guinées; mais il les refusa, disant qu'*il n'avoit pas assez de tems à vivre pour les dépenser*. Il mourut quelque tems après.

xxx ORDRE CHRONOLOGIQUE

étant dans la chambre du *Dauphin*, à une table ronde, auprès d'un feu de charbon de terre, un Mercredi de la semaine de la Pentecôte, lorsque le Prince lui caffa la tête pour avoir comparé le Roi, fon père, à un chanteur de Windfor.

La nourrice fe contredit dans fon calcul de l'âge de Juliette. Elle a dit expreffément que dans quinze jours elle auroit quatorze ans; & fuivant cet autre calcul, elle n'en auroit que douze. Shakefpear a voulu peindre l'humeur babillarde de la vieilleffe.

Les Méprifes. 1596.

Les *Méprifes* n'ont pu paroître avant 1596; car la traduction des *Ménechmes*, de Plaute, d'où cette Comédie eft prife, ne fut pas publiée avant 1595.

Hamlet. 1596.

Hamlet ne parut pas d'abord tel que nous l'avons: ce n'étoit qu'une efquiffe, comme les *Femmes joyeufes de Windfor* & *Roméo & Juliette*: elle fut enfuite augmentée par l'Auteur, de plus de moitié : elle n'a paru que depuis 1597.

Tout eft bien qui finit bien. 1598.

Tout eft bien qui finit bien, porta auffi ce titre: *Un mauvais commencement fait une bonne fin*; & auffi, *M. Parolles*.

Henri V. 1599.

Pope a cru que ce Drame hiftorique étoit une des dernières productions de Shakefpear; mais il s'eft évidemment trompé. Le prologue de la pièce de Benjonfon ; *chaque*
Homme

Homme dans son humeur, qui fut jouée en 1598, semble faire allusion à cette pièce. Mais je soupçonne que le prologue ne fut écrit qu'en 1601, lorsque la pièce fut imprimée; & il est même très-probable que cette pièce fut reçue par les bons offices de Shakespear, qui même y joua un rôle.

Quelque envieux & méchant que fût Johnson, il n'est pas vraisemblable qu'il eût cherché à ridiculiser son bienfaiteur, dans le tems même qu'il venoit de l'obliger essentiellement. Ce ne fut que quelques années après que son envie éclata, & le poussa à composer ce prologue satyrique. Il est certain que peu de tems après l'an 1600, il y eut un refroidissement entre Shakespear & lui; & depuis cette époque, jusqu'à la mort de Shakespear, il ne cessa de mêler ses éloges de sarcasmes & de réflexions malignes.

Drummond, Écrivain contemporain de Benjonson, & son intime connoissance, fait de lui le portrait suivant.

« Johnson s'aimoit & s'estimoit excessivement : il étoit plein de mépris & de dédain pour les autres : il eût risqué de perdre un ami, plutôt que de sacrifier un bon mot. Il étoit soupçonneux & défiant de tout ce que disoient & faisoient les autres autour de lui, sur-tout quand il avoit bu ; ce qui lui arrivoit souvent : il affectoit une hypocrite modestie sur les talens qu'il possédoit, & se vantoit de ceux qu'il n'avoit pas : il ne trouvoit rien de bien, que ce qu'avoient fait ses amis ou lui : affable & colère par boutades & par passion : indifférent à acquérir & à conserver : vindicatif ; mais quand on le relevoit vertement, profondément chagrin : il interprétoit les propos les plus innocens dans le plus mauvais sens : il tenoit pour toutes les Religions, qu'il connoissoit à fond. Ses ouvrages sont faciles & coulans ; mais il excelloit sur-tout dans la traduction : en un mot, il étoit en tout l'oppofé de Shakefpear : auffi aigre, auffi mal-intentionné, auffi vain & fâcheux, que Shakefpear étoit doux, bon, fociable & aimable, avec dix fois plus de mérite.

Les Femmes Joyeufes de Windfor. 1601.

La première efquiffe des *Femmes Joyeufes de Windfor* parut en 1602 : elle fut probablement compofée en 1607, après les deux parties d'*Henri IV*, par obéiffance pour Élifabeth, qui fouhaita de voir Falftaff amoureux, après que tout le plaifant de fon caractère avoit été épuifé dans toutes les autres fituations. Mais il n'eft pas fi clair, qu'elle ait été écrite après *Henri V*. *Nym* & *Bardolph* font tous deux pendus dans *Henri V*, & reparoiffent dans les *Femmes Joyeufes de Windfor*. *Falftaff* eft difgracié à la fin de la feconde partie d'*Henri IV*, & meurt dans *Henri V* : mais dans les *Femmes Joyeufes de Windfor*, il parle comme s'il étoit encore en faveur à la Cour, & M. *Page* éconduit la recherche que fait *Fenton* de fa fille, fur la raifon qu'il étoit de la fociété *du Prince extravagant & de Poins*. Ces circonftances paroiffent favorifer la fuppofition que cette pièce fut écrite entre la première & la feconde partie d'*Henri IV*. D'un autre côté, on peut conclure de la tradition qu'on a citée ci-deffus, qu'elle n'a pas été écrite à cette époque. Si on la place entre la feconde partie d'*Henri IV* & *Henri V*, il faut fe rappeller que la *Quickly*, qui eft moitié Aubergifte & moitié pourvoyeufe, dans *Henri IV*, eft, dans les *Femmes Joyeufes de Windfor*, la gouvernante de la maifon du Docteur *Caïus*, & fait un rôle décent ; & dans *Henri V*, elle eft la femme de *Piftol*, & meurt dans un Hôpital ; progreffion qui n'eft pas fort naturelle. De plus, lorfque *Quickly* paroît pour la première fois dans les

Femmes Joyeuses de Windsor, *Falstaff* ne la reconnoît pas, & elle ne le reconnoît pas non plus, ni *Pistol* ni *Bardolph*. La vérité est, à ce que je crois, que cette pièce fut écrite après *Henri V*, & après que Shakespear avoit fait périr *Falstaff*. Pour obéir aux ordres de la Reine, il le ressuscita, & jugea nécessaire de ressusciter avec lui tous ses camarades qui avoient coutume de paroître à sa suite, *Nym*, *Pistol*, *Bardolph* & le *Page Robin*, & il disposa de ses personnages selon son besoin, sans trop s'embarrasser de leurs situations ou de leurs catastrophes dans les pièces précédentes.

Henri VIII. 1601.

Il est probable qu'*Henri VIII* fut composé avant la mort d'Élisabeth, arrivée le 24 Mars 1603, & que l'Éloge du Roi Jacques, qui est lié avec le Panégyrique de cette Reine, fut ajouté après-coup, à l'avénement de Jacques au Trône : d'abord cet Éloge est très-incohérent & grossiérement lié avec ce qui précède & ce qui suit; & d'ailleurs Shakespear connoissoit trop bien la Cour, pour avoir la mal-adresse de complimenter, du vivant d'Élisabeth, son héritier présomptif, dont on sait qu'elle étoit très-jalouse.

Il est bien plus probable que Shakespear a composé cette pièce, dont le principal sujet est la disgrace de la Reine *Catherine*, l'élévation d'*Anne Bouleyn*, & la naissance de sa fille, du vivant de cette fille, qu'après sa mort; dans un tems où ce sujet devoit singuliérement plaire à la Cour, plutôt que dans un tems où il seroit devenu bien moins intéressant.

La Reine Catherine, il est vrai, est représentée avec un caractère aimable, mais elle est éclipsée; & plus son mérite est grand, plus ce compliment étoit flatteur pour la mère d'Élisabeth, à la beauté de laquelle la sienne étoit obligée de céder.

Si *Henri VIII* avoit été fait du règne de Jacques premier, le Poëte, au lieu de s'étendre, comme il a fait dans la dernière scène, sur l'éloge de la Reine ; éloge qui ne pouvoit beaucoup plaire à son successeur, il l'auroit sans doute fait figurer au premier rang dans la prédiction, & auroit relégué la Reine dans l'enfoncement du tableau, autant qu'il lui auroit été possible.

Si Jacques premier avoit été l'objet principal du Poëte dans la formation de son plan, il n'auroit donné qu'une courte esquisse du caractère d'Élisabeth, & se seroit étendu sur celui de Jacques, dont l'éloge auroit terminé la pièce ; au lieu de revenir à Élisabeth, d'une manière brusque & gauche, après que son portrait paroissoit fini.

Si la Reine eût été morte, le Poëte auroit été instruit des particularités de sa mort, de la situation du Royaume à cette époque : & comme l'Archevêque *Crammer* est supposé avoir le don de prophétie, Shakespear lui auroit probablement fait faire mention de ces circonstances ; au lieu que la prédiction, telle qu'elle est, est toute générale, & telle qu'elle pouvoit être hasardée du vivant de la Reine ; car les principaux faits qu'elle prédit, sont, qu'elle mourroit *âgée* & *vierge*. L'Auteur pouvoit, sans se tromper, prédire le premier de ces faits ; car en supposant cette pièce écrite en 1601, Élisabeth avoit près de soixante-dix ans. Le second ne pouvoit manquer de plaire à la Reine. Après qu'elle fut parvenue au Trône, elle se montra jalouse & fière de sa virginité, & déclara qu'elle avoit épousé son peuple, & qu'elle ne vouloit d'autre inscription sur sa tombe, que celle-ci : *ci gît Élisabeth, qui régna & mourut vierge*. Enfin Shakespear a jetté les côtés désavantageux du caractère du père d'Élisabeth, dans

DE SES PIÈCES. xxxv

l'ombre : il l'a peint extrêmement affecté des maux de ses sujets, & donnant des ordres pour les soulager ; tendre & obligeant pour sa Reine, reconnoissant envers le Cardinal : & à l'égard de Crammer, capable de discerner & de récompenser le vrai mérite. Il a montré la même complaisance, en présentant la mère d'Élisabeth sous les points de vue les plus favorables.

Anne Boulen est représentée remplie du plus tendre intérêt pour les souffrances de sa maîtresse; la Reine Catherine, recevant l'honneur que le Roi lui confère dans le titre de Marquise de *Pembroke*, avec une modestie pleine de grace, & plus attentive à cacher à la Reine son avancement, que curieuse de pénétrer les motifs d'une faveur si extraordinaire, ou de se livrer au songe flatteur d'être Reine un jour.

Ce que dit dans les vers suivans, d'Anne Boulen, le Lord Chambellan, paroît évidemment fait pour être entendu d'Élisabeth.

> J have perused her well, &c.
> Beauty aud honour are in her so mingled, &c.
>
> *Je l'ai bien examinée*, &c.
> *L'honneur & la beauté paroissent en elle si heureusement assorties*, &c.

La salle de Spectacle du Globe fut brûlée en entier le jour de Saint-Pierre, l'an 1613, lorsqu'on jouoit *Henri VIII*. Ce fut la bourre de deux canons, appellés *Chambers*, qui mit le feu aux planchers couverts de chaume & de joncs. Benjonson étoit présent à cet incendie. Les Comédiens de ce Théatre s'appelloient, *les Gens (servants) du Lord Chambellan*.

Troïlus & Creffida. 1602.

Malone penfe, avec Pope, que *Troïlus & Creffida* peut avoir été écrite en 1608. C'eft une des pièces où il y a le plus d'obfervations morales & politiques.

Mefure pour Mefure. 1603.

Il eft probable que *Mefure pour Mefure* fut compofée peu de tems après l'avénement de Jacques premier. On le préfume par une courte apologie qu'on y trouve de la manière fuperbe & mal-gracieufe dont fe comporta ce Roi à fon entrée en Angleterre. Il étoit fi offenfé des félicitations irréfléchies & imméritées de fes fujets à fon entrée dans Londres, qu'il publia un Édit qui défendoit au peuple de s'adreffer directement à lui : & dans la fuite de fon règne, lorfqu'il paroiffoit en public, fur-tout dans les jeux & les fêtes, les approches du peuple l'impatientèrent fi fort, qu'il le repouffoit brutalement, & le difperfoit avec un front menaçant, pour ne pas dire avec des imprécations.

Macbeth. 1606.

Lorfque le Roi Jacques premier vifita Oxford, en 1605, trois Étudians du Collége de *Saint-Jean*, jouant le rôle des trois Sorcières avec leur coftume, lui récitèrent un petit Poëme dramatique fondé fur la prédiction des Sybilles (ou *Sorcières*), relative à *Banquo & Macbeth*.

Farmer penfe que cette petite pièce étoit antérieure à celle de Shakefpear.

C'étoit un fujet fait pour plaire à la Cour : le Roi avoit fait un livre fur la *Démonologie*.

On peut voir une differtation fur une pièce de *Thomas*

Middleton, contemporain de Shakefpear, & d'où l'on conjecture que Shakefpear a pris toute fa magie. On a auffi connoiffance de plufieurs pièces de Théatre anciennes, qu'on ne fache pas encore avoir été imprimées, & qu'on exhorte les poffeffeurs à publier, s'ils les ont. Telles font *Ninus* & *Sémiramis*, *Mahomet* & *Irène la belle Grecque*, *Tancrède*, &c.

Jules-Céfar. 1607.

Shakefpear forma les plans de fept à huit pièces fur des effais malheureux des Poëtes qui étoient venus avant lui; mais nul Écrivain contemporain n'ofa s'effayer fur un fujet qu'il eût traité lui-même.

Jules-Céfar fut une de fes pièces les plus applaudies.

Timon. 1610.

Il exifte une Comédie manufcrite fur le fujet de *Timon*, qu'on préfume, à l'écriture & au ftyle, être à-peu-près du fiècle de Shakefpear. Il y a un Intendant nommé *Lachés*, qui fait le même rôle que *Flavius*, & n'abandonne pas fon maître dans fa difgrace. Il y a auffi un banquet en peinture, que Timon donne à fes perfides amis : au lieu d'*eau chaude*, ce font des pierres peintes comme des artichaux qui font fervis, & qu'il jette à la tête de fes Hôtes.

Un jour il nous donne des diamans, & l'autre des pierres.

Othello. 1611.

Warburton imagine qu'il y a un trait de fatyre contre l'Ordre des Baronets, créé en 1611 par Jacques premier, dans ces deux vers d'Othello : *Autrefois le cœur donnoit la* main ; mais aujourd'hui, dans nos unions modernes, ce sont les mains & non les cœurs qui se marient. Voilà tout le sens de ces deux vers, sans aucun rapport au blazon, ni envie de Shakespear de satyriser l'institution de l'Ordre des Baronets par Jacques premier, qui l'avoit protégé & gratifié d'un privilége & d'une lettre honorable. — Dans tous les mariages, les armes de la femme étoient jointes à celle du mari. *Join* (joindre), c'est en termes de blazon, *quarter, écarteler les armes du couple nouvellement marié* : & Shakespear emploie *heraldry*, pour *union* en général ; comme dans son Poëme de *Lucrèce*, il l'emploie pour l'union & le mélange des couleurs, d'où résulte le teint de la beauté.

This heraldry in Lucrece's face was seen.
Ce mélange de couleurs qu'on voyoit sur le visage de Lucrèce.

La Tempête. 1612.

En Octobre, Novembre & Décembre de l'année 1612, il arriva sur les côtes d'Angleterre des tempêtes si furieuses, qu'en moins de deux heures il périt cent vaisseaux. On écrivit plusieurs brochures sur ces tragiques événemens : on les représenta en estampes, où l'on voyoit des vaisseaux s'abîmant dans les flots, des Châteaux s'écroulant sur la tête du Concierge, & le Diable ébranlant & renversant les tours. D'autres racontoient la manière merveilleuse dont Edmond Pet, matelot, avoit échappé au naufrage : un autre peint les mers de Douvres toutes étincelantes de feux, comme le monde embrasé. Cette tempête laissa tant de terreur dans les esprits, qu'on ordonna, pour cette occasion, une forme de prière, qui fut imprimée à la suite d'une de ces feuilles. Ainsi le Poëte a pu donner à sa pièce le nom de *Tempête*, d'après cet événement; car il est très-probable que plusieurs de ses pièces ont tiré leurs noms des saisons dans lesquelles elles ont été produites. La *douzième nuit*, par exemple, fut sans doute représentée, la première fois, dans les fêtes de Noël.

C'étoit peut-être un usage de donner, à la Cour, des pièces de Théatre dans les fêtes de Noël. Deux Comédies de *Lilly* furent jouées le douzième jour devant la Reine, en 1591; les *peines de l'Amour perdues* le fut devant Élisabeth dans les mêmes fêtes de Noël; le *Roi Léar*, devant Jacques premier, le soir de Saint-Étienne.

Le *Songe de la nuit d'Été*, & le *Conte d'hiver*, n'indiquent pas la saison dans leurs sujets: l'un est relatif au tems où l'on tond les troupeaux, & le *Songe de la nuit d'Été*, à la nuit qui précède le premier jour de Mai: mais ces titres furent peut-être suggérés par la saison dans laquelle elles furent jouées la première fois. On peut présumer que le *Songe* le fut en Juin, & le *Conte d'hiver* en Décembre.

La douzième nuit. 1614.

On a généralement cru que Shakespear s'étoit retiré du Théatre, environ trois ans avant de mourir. Cette dernière supposition devient très-douteuse. M. *Tyrwhitt* conjecture, avec beaucoup de probabilité, que la *douzième nuit* a été composée en 1616, sur une allusion que cette pièce renferme, à ces *entrepreneurs Parlementaires (undertakers)*, dont il est souvent parlé dans les registres de cette année, de la Chambre des Communes: il furent flétris de ce sobriquet, pour avoir entrepris de diriger les élections des Chevaliers & des Représentans des Communautés, de manière à s'assurer la pluralité des suffrages de ce Parlement pour la

Cour. D'après cette allusion, il est probable que cette pièce aura été écrite après la retraite de l'Auteur à Stratford.

Quand Shakespear quitta Londres & sa profession, pour aller vivre paisible dans une retraite champêtre, il n'est pas vraisemblable qu'un génie aussi actif se soit tout-à-coup familiarisé avec un état d'inertie & de stérilité. Il est plus naturel de penser, qu'il aura encore quelquefois, dans l'occasion, tourné ses pensées vers le Théatre, que sa muse avoit soutenu, & vers l'intérêt de ses associés, qu'il avoit laissés après lui, lutter avec les capricieuses vicissitudes du goût public. On voit, dans son testament, qu'il ne les avoit point oubliés : ainsi nous devons peut-être cette Comédie, ou à la nécessité d'un amusement littéraire pour un esprit cultivé, ou aux conseils de ses amis, ou à ces deux causes ensemble ; & cette pièce paroit avoir été composée à loisir : la plupart des caractères qu'elle renferme, sont plus finis, plus parfaits, *dramatiquement*, que dans toutes les autres Comédies précédentes.

On doit compter au nombre des maux que nous ont faits nos guerres civiles, l'interruption des Arts & de l'étude des Lettres, & la suppression de plusieurs noms de Poëtes & d'Auteurs Dramatiques, qui ont été plongés dans l'obscurité par les troubles de ces révolutions, & qui jamais depuis n'ont reparu, ni attiré l'attention des siècles suivans. L'oubli de l'ancienne Littérature Angloise continua si long-tems, qu'on peut présumer que beaucoup de livres & d'ouvrages se sont perdus, & que la curiosité & l'esprit de recherche qui s'est ranimé parmi nous dans ce siècle, manquent de matériaux pour ses opérations. Les livres & les brochures qui furent imprimés dans ces tems antérieurs, ont été bientôt détruits ; & si les Auteurs principaux se sont conservés, à peine faisoit-on attention à leur existence. Il faut que Shakespear, lui-même, fût bien peu lu autrefois, puisque *Tate*, dans sa Dédicace du *Roi Léar*, de Shakespear, avec quelques changemens de sa façon, parle de l'original comme d'une pièce obscure, qu'un ami lui avoit recommandé de lire; & que l'Auteur du *Tatler*, ayant occasion de citer quelques lignes de *Macbeth*, s'est contenté de les emprunter de la pièce que Davenant avoit changée, & où il a défiguré ou négligé gauchement presque toutes les beautés originales.

Quelques Lecteurs pourront trouver que cette recherche sur la vraie date des pièces de Shakespear, est une spéculation stérile & fastidieuse : mais d'autres la trouveront raisonnable, & seront bien-aises d'observer par quels degrés ce grand génie s'est développé lui-même, jusqu'à ce que, comme l'*Ariel de la tempête*, il ait *embrasé* d'étonnemens toutes les parties du vaisseau, & les ait illuminés d'un éclat surprenant, qui n'a pas encore été égalé jusqu'ici, & qui peut-être ne sera jamais surpassé.

ORDRE CHRONOLOGIQUE

Ordre chronologique des dates de la composition des Pièces de Shakespear, démontré pour plusieurs, & probable pour les autres.

Titus Andronicus.	1589
Les peines de l'Amour perdues.	1591
La première partie d'Henri VI.	1591
La seconde.	1592
La troisième.	1592
Les deux Véronois.	1593
Le Conte d'Hiver.	1594
Le Songe de la nuit d'Été.	1595
Roméo & Juliette.	1595
Les méprises.	1596
Hamlet.	1596
Le Roi Jean.	1596
Richard II.	1597
Richard III.	1597
La première partie d'Henri IV.	1597
Le Marchand de Vénise.	1598
Tout est bien qui finit bien.	1598
La seconde partie d'Henri IV.	1598
Henri V.	1599
Beaucoup de peine pour rien.	1600
Comme il vous plaira.	1600
Les joyeuses Commères de Windsor.	1601
Henri VIII.	1601
Troïlus & Cressida.	1602
Mesure pour Mesure.	1603
Cymbeline.	1604

DE SES PIÈCES. xliij

Le Roi Léar.	1605
Macbeth.	1606
La méchante Femme mise à la raison.	1606
Jules - César.	1607
Antoine & Cléopatre.	1608
Coriolan.	1609
Timon d'Athènes.	1610
Othello.	1611
La Tempête.	1612
36. La douzième nuit.	1614

Il y a sept autres pièces qu'on a quelquefois comptées au nombre des productions de Shakespear. Leur infériorité de mérite ne seroit pas une preuve décisive du contraire : les premiers & les derniers Tableaux de Raphaël ne se ressemblent guères ; mais une foule d'autres raisons contre leur authenticité, les ont fait exclure des éditions de Shakespear.

Voici les titres de ces sept pièces, & l'ordre chronologique dans lequel le même M. Malone les place.

Périclès.	1592
Locrine.	1593
Sir Jean Oldcastle.	1598
Le Puritain.	1600
La vie & la mort de Cromwell.	1602
Le Prodigue de Londres.	1605
Tragédie d'Yorkshire.	1608

Réflexions de Rowe sur Shakespear.

Les pièces de Shakespear doivent être distinguées en Tragédies & en Comédies : celles qu'on appelle *Historiques*, & mêmes quelques-unes de ses Comédies, sont réellement des Tragédies, avec un mélange, une veine de Comique. Cette espèce de *Tragi-Comédie* étoit une erreur du siècle, & qui est tellement du goût Anglois, que malgré la sévérité de nos Critiques, elles plaisent plus aujourd'hui à la plus grande partie du Public, que les Tragédies pures. Les *Joyeuses Commères de Windsor*, *les Méprises*, & *la méchante Femme apprivoisée*, sont de pures Comédies. Les autres, de quelque nom qu'on les appelle, tiennent des deux genres à la fois.

Il n'est pas facile de déterminer dans lequel des deux genres Shakespear a le plus excellé. Il y a certainement beaucoup de gaieté dans ses scènes comiques, & il a semé une variété bien marquée & bien amusante dans les caractères qu'il a peints. *Falstaff* est reconnu généralement pour un chef-d'œuvre ; & ce caractère est bien soutenu, quoique prolongé dans la longueur de trois pièces ; & jusqu'au récit de sa mort que fait son Hôtesse *Quickly*, dans le premier acte d'*Henri V*, divertit autant qu'aucun passage de sa vie. Tout ce qu'on peut lui reprocher, c'est d'avoir peint ce vieux libertin, qui est voleur, lâche & menteur, & qui a tous les vices ensemble, sous des traits si agréables par son esprit & ses saillies, qu'on ne peut s'empêcher de l'aimer, & qu'on voit, pour ainsi dire avec regret, son camarade Henri le traiter avec mépris, lorsqu'il monte sur le Trône, à la fin de la seconde partie d'*Henri IV*.

Parmi ses autres extravagances, il lui fait voler un daim,

dans les *Joyeuses Commères de Windsor* : c'étoit pour avoir occasion de peindre son ennemi, sous le nom du Juge *Shallow*. Il lui a donné, à peu de chose près, les armoiries que *Dugdale*, dans ses Antiquités, attribue à une famille du lieu, & il fait faire au *Curé Gallois*, des plaisanteries sur ces armes. Cette pièce est admirable : les caractères comiques y sont bien variés & bien contrastés, & le but principal de la pièce, qui est de guérir *Ford* de sa folle jalousie, est bien rempli.

Dans la *douzième nuit*, il y a je ne sai quoi de singuliérement ridicule & plaisant dans le caractère du maître d'Hôtel *Malvolio*. Le *Parasite* & le *Fanfaron*, dans *tout est bien qui finit bien*, vaut tout ce qu'il y a de mieux en ce genre, dans Plaute & dans Térence. Dans la *méchante Femme apprivoisée*, *Petruchio* est un caractère des plus comiques qu'on puisse imaginer. Dans *beaucoup de bruit pour rien*, la conversation de *Bénédic* & de *Béatrix*, & celle de *Rosalinde* dans *comme il vous plaira*, sont pleines d'esprit & de saillies. Ses *Paysans*, caractère qui se trouvoit dans toutes les pièces du tems, sont très-amusans ; & je crois que *Thersite*, dans *Troïlus & Cressida*, & *Apemantus*, dans *Timon d'Athènes*, sont des chefs-d'œuvres de mauvais naturel, & d'humeur satyrique. Je pourrois ajouter l'incomparable caractère du Juif *Shylock* dans le *Marchand de Venise* : mais quoique nous ayons vu cette pièce jouée pour Comédie, & le rôle de Juif exécuté par un excellent Comédien, j'ai peine à croire que l'Auteur n'ait pas eu en vue de faire une Tragédie en la composant. Il y respire un esprit de vengeance si mortelle, une telle férocité sauvage, & un projet si obstiné de nuire & de vouloir du sang, que cela ne peut guères s'assortir avec le style & les caractères de la Comédie. La pièce même, prise en total, me paroît une de celles de Shakespear qui est la plus finie & la plus parfaite. La fable des Cassettes, l'engagement inouï & extravagant formé par *Antonio*, s'écartent des regles de la vraisemblance : mais en supposant le fait, on ne peut s'empêcher de convenir des beautés que le Poëte en a fait sortir. Rien n'est plus noble, plus généreux, plus tendre, que l'amitié d'*Antonio* pour *Bassanio*. En supposant, comme je l'ai dit, le fait probable, le quatrième acte est de la plus grande beauté. Il y a sur-tout deux passages qui méritent d'être particuliérement distingués : le premier est ce que dit *Portia* de la *pitié* ; l'autre est le pouvoir de la musique. La mélancolie de *Jacques*, dans *comme il vous plaira*, est aussi singulière, aussi bizarre, qu'elle est divertissante : & si ce que dit Horace est vrai,

Difficile est proprié communia dicere

il ne sera pas aisé à personne de le surpasser dans la description qu'il a donnée des différens âges de la vie, quoique la pensée fût usée & commune.

Le Monde est un Théatre, &c.

Ses images sont si vivantes, que l'objet qu'il vous peint, vous le voyez devant vos yeux, dans toutes ses parties. J'en citerai encore un exemple, qui est des plus remarquables & des moins ordinaires : c'est l'image de la *patience*. Parlant d'une jeune fille éprise d'amour, il dit :

Jamais elle n'a révélé son amour ;
Mais elle a laissé son secret, comme un ver dans un bouton de fleur,
Ronger & flétrir ses joues de roses : elle languissoit dans ses pensées:
Elle étoit assise, comme la patience sur un tombeau,
Souriant à la douleur.

Quelle image ! Quelle tâche c'eût été pour les plus grands

grands Sculpteurs de la Grèce, d'exprimer toutes les passions indiquées dans cette ébauche de statue !

Le style de sa Comédie est, en général, assorti aux caractères, & facile par lui-même. L'esprit y pétille par-tout d'une manière naturelle & agréable, excepté lorsqu'il s'acharne à faire de mauvaises rimes, comme *dans les Méprises*. Quant à ses jeux de mots, c'étoit le vice du siècle : & puisqu'on les employoit dans la Chaire, & que les plus graves Théologiens du tems ne les dédaignèrent pas, on pouvoit sans doute les trouver de mise sur le Théatre.

La même magie qui enfanta les Fées dans le *Songe de la nuit d'Été*, est celle qui a créé les *Sorcières* dans *Macbeth*, & l'*Ombre* dans *Hamlet*, & qui leur a donné un langage & des idées si bien ajustées à leur rôle. Si on juge Shakespear sur les règles d'Aristote & du Théatre Grec, on y trouvera sûrement beaucoup de défauts : mais il faut le voir dans un siècle où la licence & l'ignorance étoient universelles, où il n'y avoit ni règle ni Juges d'établis, où chacun écrivoit d'après son imagination & son caprice ; & si l'on songe qu'avant lui il n'existoit pas une seule pièce qui ait mérité d'être conservée sur les Théatres de nos jours, on sera étonné que Shakespear ait fait faire un si grand chemin aux compositions dramatiques.

La Fable est ce qu'on place généralement à la tête des différentes parties du Drame, non pas comme la partie la plus difficile ou la plus belle, mais sans doute parce que c'est le cadre dont il faut s'occuper & qu'il faut trouver d'abord ; à la Fable tiennent la disposition, l'ordre & la conduite du Poëme. Ce n'est pas là, il en faut convenir, le grand mérite de Shakespear. Rarement il est l'inventeur de ses sujets : il les prenoit ordinairement, ou dans l'Histoire, ou dans les Nouvelles & les

Romans, & souvent avec les mêmes incidens & la même durée qu'il trouvoit dans ces sources.

Ses Drames historiques embrassent plusieurs années, & la scène parcourt plusieurs centaines de lieues : mais s'il a négligé cette partie, à laquelle nos voisins se sont fait comme un point d'honneur de s'attacher superstitieusement, il mérite du moins d'être admiré dans les mœurs de ses caractères, dans le langage convenable & naturel qu'il leur prête à chacun suivant leur rôle. Qu'on compare avec l'Histoire Angloise ou Romaine, les caractères qu'il en a empruntés, & on les verra aussi vrais, aussi ressemblans dans le Poëte, que dans l'Historien.

Henri VI, par exemple, est d'après nature ; simple, d'une sainteté passive, sans courage, foible d'esprit, & soumis au despotisme d'une femme impérieuse ou d'une faction dominante. On y retrouve aussi ses bonnes qualités ; & le Poëte excite la pitié des Spectateurs, en le montrant pieux, désintéressé, plein de mépris pour ce monde, & entiérement résigné sous la Providence. Dans la seconde partie d'*Henri VI*, il y a une courte scène qui est admirable. Le *Cardinal Beaufort*, qui avoit assassiné le Duc de Glocester, paroît à l'agonie sur son lit de mort, avec le bon Roi Henri VI qui prie sur lui. Il y a tant de terreur d'un côté, tant de piété tendre & touchante de l'autre, que quiconque est capable de crainte & de pitié, en est vivement ému.

Henri VIII est représenté avec cette grandeur d'ame & les bonnes qualités qu'on lui a reconnues pendant son règne. Si Shakespear a pallié ses défauts, ce n'est pas faute d'art & de couleurs pour les peindre dans leur vrai jour ; mais il ne voulut pas offenser les regards d'Élisabeth, en lui offrant sur le Théatre les vices de son père. Il en a agi bien plus librement avec le premier Ministre de ce Roi, & rien n'est plus vrai ni mieux desssiné que le caractère de *Wolsey* : il l'a montré insolent dans la prospérité ; & cependant, avec un art admirable, il a su le rendre encore intéressant dans sa chûte.

Le tableau de l'homme entier, avec ses vertus & ses vices, se trouve dans la seconde scène du cinquième acte. Les malheurs de la Reine Catherine sont aussi touchés d'une manière très-pathétique dans cette même pièce ; & quoique l'art du Poëte sauve au Roi tout reproche grave d'injustice, on se sent enclin à souhaiter que la Reine eût trouvé un sort plus digne de sa naissance & de sa vertu.

Il n'est pas moins vrai dans les caractères Romains. La fierté & la fougue de Coriolan, son courage, son dédain pour le menu peuple ; la vertu & le caractère philosophique de Brutus, & l'irrégulière grandeur de l'ame d'Antoine, en sont d'illustres exemples. Son plan fut toujours de montrer ces grands personnages dans les diverses vicissitudes de leur fortune & de leur vie, plutôt que de choisir une grande & unique action, & de forcer, bon gré malgré, tout son Drame de s'arranger sur elle. Cependant, si c'est là un si grand mérite, il y a aussi quelques-unes de ses pièces, où le sujet est fondé sur une action unique : telles sont entr'autres *Roméo & Juliette*, *Hamlet*, *Othello*. Le sujet de *Roméo & Juliette* est évidemment la punition des deux familles, pour leur haine cruelle & déraisonnable qui duroit depuis si long-tems, & qui avoit fait verser tant de sang. L'amour y est traité d'une manière tendre & passionnée, & sur le ton romanesque du climat & du siècle ; la catastrophe inspire la terreur & la pitié au souverain degré.

Hamlet est fondé à peu près sur le même sujet que

l'*Électre*, de Sophocle. Dans toutes les deux, c'est un jeune Prince qui est engagé à venger la mort de son père : leurs mères sont toutes deux intéressées dans le meurtre de leurs époux, & se marient ensuite à leurs assassins. Il y a dans la première partie de la Tragédie Grecque, quelque chose de très-touchant dans la douleur d'*Électre* : mais, comme l'a remarqué M. Dacier, les mœurs que le Poëte donne dans la dernière partie à *Oreste* & à *Électre*, sont choquantes & contre nature. *Oreste* trempe ses mains dans le sang de sa propre mère; & cette action barbare, si elle ne se commet pas sur le Théatre à la vue des Spectateurs, se passe si près d'eux, qu'on entend les cris de *Clytemnestre* appellant *Égysthe* à son secours, & implorant grace de son fils; tandis qu'*Électre*, qu'une Princesse, que sa fille reste sur le Théatre, & delà encourage son frère au parricide! Cela fait frémir d'horreur. *Clytemnestre* étoit une méchante femme, & avoit mérité de mourir; suivant l'Histoire, elle avoit été massacrée par son propre fils : mais représenter une pareille action sur le Théatre, c'est certainement blesser les mœurs propres aux personnages & qu'on doit y conserver. Shakespear s'est conduit bien différemment : *Hamlet* a la même tendresse qu'*Oreste* pour son père : il est résolu, comme *Oreste*, à venger sa mort : il a la même horreur du crime, dont il soupçonne sa mère coupable, aggravé encore par l'inceste; mais avec quel art, avec quel jugement, le Poëte l'empêche de faire aucune violence à sa mère! Pour prévenir tout écart pareil de son ressentiment, il lui fait défendre, par l'Ombre de son père, cette partie de sa vengeance.

But howsoever thou pursuest this act, &c.

Mais de quelque manière que tu poursuives cet acte de vengeance, &c.

Il faut bien diftinguer entre l'horreur & la terreur : jamais Écrivain dramatique n'a mieux réuffi à exciter la terreur que Shakefpear. Toute la Tragédie de *Macbeth*, & furtout la fcène où le bon Roi *Duncan* eft égorgé dans le fecond acte, eft une preuve du mâle & énergique efprit avec lequel il l'a écrite, & montre combien il étoit puiffant dans l'art d'exciter les plus fortes émotions, dont l'ame humaine foit fufceptible.

Note de M. Eschenburg, sur les Femmes joyeuses de Windsor.

C'est une tradition vulgaire, que Shakespear a fait cette Comédie par ordre de la Reine Élisabeth, qui fut si contente du rôle de Falstaff, dans les deux parties d'*Henri IV*, qu'elle souhaita ensuite de le voir dans une troisième pièce, engagé dans une intrigue amoureuse. Cette anecdote n'a d'autre preuve que la tradition : au reste, tous les Critiques conviennent, & la chose est visible, que le caractère de Falstaff, quelque piquant & quelque original qu'il paroisse dans cette Comédie, n'est pas, à beaucoup près, si parfait que dans les deux Tragédies précédentes d'*Henri IV*.

On imprima dès 1602, une esquisse maigre & imparfaite de cette pièce. Peu de tems après, le Poëte la retravailla à neuf : ce ne fut guères qu'en 1607, ou même après ; car le premier exemplaire de cette pièce, telle qu'elle est aujourd'hui, ne se trouve que dans l'édition *in-folio* de 1623.

Farmer, dans un vieux livre, intitulé : *Tarleton's newes out of purgatorie*, cite une ancienne Histoire, *the lovers of Pisa*, comme la source où cette pièce a été puisée : mais voilà tout ce qu'il en dit.

Il y a dans le *Pécorone* de Giovanni Fiorentino, une Histoire dont le fonds a beaucoup d'analogie avec l'intrigue principale des *Femmes joyeuses de Windsor*; & il est d'autant plus vraisemblable que Shakespear en a profité, que, suivant le témoignage de Capell & de Steevens, elle se trouve dans une ancienne brochure Angloise, intitulée : *The fortunate, the deceived, and the unfortunate lovers ; les Amans heureux, trompés & malheureux*.

NOTE DE M. ESCHENBURG.

Voici les principales circonstances de cette Histoire.

Deux frères étudioient à Cologne ; l'un, nommé *Bucciolo*, eut fini ses cours le premier. L'amitié qu'il avoit pour son frère, l'engagea à attendre qu'il eût aussi achevé ses études. Pour occuper cet intervalle de tems, il lui vint à l'esprit d'apprendre l'art d'aimer, & il pria son Instituteur de lui en donner des leçons. Celui-ci l'envoie à la Foire, pour se choisir une femme parmi la foule de celles qui s'y rendoient ; c'étoit là sa première leçon. Le Disciple en choisit une, & en informa son maître. Celui-ci lui ordonna de passer quelques fois, dans la journée, sous les fenêtres de la belle, & de lui faire comprendre son amour par des signes & par des regards ; ce fut sa seconde leçon : ensuite son maître lui dit de chercher une vieille Marchande de Modes, & de faire déclarer par elle son amour à la personne qu'il avoit choisie. Il le fit ; mais la Duégne fut renvoyée avec indignation. *Bucciolo* en étoit inconsolable : son maître ranima son courage, en lui faisant entendre qu'un arbre n'est point abbatu d'un seul coup de hache. Il va encore passer devant les fenêtres, & bientôt sa maîtresse lui envoie une suivante qui lui donne un rendez-vous pour le soir. *Bucciolo*, plein de joie & d'étonnement, en fait part à son maître, qui conçoit le soupçon que cette belle complaisante pourroit bien être sa femme. Cependant il dissimule ; il continue de donner à son écolier de plus amples instructions sur la route qu'il doit suivre, & l'engage à l'avertir de ses démarches & de ses progrès. L'écolier poursuit, & le maître le suit secrétement. A peine les deux Amans ont-ils entamé une conversation près de la cheminée, qu'ils entendent frapper rudement à la porte de la maison. *Bucciolo* est forcé de se cacher dans un tas de linge sale qui est sous la table. Le

liv NOTE

mari de sa maîtresse entre furieux, l'épée à la main, & cherche par-tout le galant. A la fin ne trouvant rien, il croit s'être trompé, & retourne à son école. *Bucciolo* sort de son triste asyle; les deux Amans se mettent à table, & passent joyeusement la nuit ensemble. *Bucciolo* reçoit un second rendez-vous pour le soir. Il raconte à son maître tout ce qui s'est passé : celui-ci en est fort surpris, & lui conseille de lui dire encore quand il y retournera. Il le suit comme la première fois; & à peine l'écolier est dans la maison, que le maître recommence à frapper de toute sa force. La femme fait placer son Amant derrière elle, ouvre la porte à son mari, l'embrasse avec une main, & conduit de l'autre son Amant vers la porte de la maison : ensuite elle commence à crier de toute sa force, que son mari est devenu fou : tous les voisins accourent ; après beaucoup de propos, le mari soutenant constamment qu'il y avoit quelqu'un dans sa maison, on se met à faire la plus exacte perquisition. On ne trouva rien, & le pauvre mari fut regardé comme fou, battu, lié & livré aux mains d'un Médecin, qui lui fit dresser un lit près du feu, & lui ordonna la diette la plus rigoureuse. Parmi ses amis, *Bucciolo* lui rend aussi visite, & lui témoigne sa sensibilité. Tout ce qu'il lui répond, est pris pour de la démence. *Bucciolo* s'en retourne à Rome avec son frère.

On trouve dans *Straparola* (†) une autre Histoire, qui,

———

(†) *Piacevoli notti di Straparola*. Venez. 1567, *in*-8°. *l*. 1, notte iv, *favola* 4. Dans la traduction Françoise, imprimée en 1725 à *Amsterdam*, en 3 *vol*. *in*-12, il y a au commencement du premier volume, de petits traits historiques que le Poëte Laîné a rassemblés. Dans l'Histoire ci-dessus, il donne pour la source celle de *Pécorone*, & ajoute que Molière a pris l'idée de
dans

dans les principales circonstances, s'accordent avec celle-ci : elle n'en diffère que par le caractère des personnages, & par d'autres événemens particuliers. L'Amant est un Prince Portugais, *Nérino*, qui a été élevé dans la plus grande retraite, sans voir aucune femme, & qui ensuite est envoyé à Padoue. Entre autres connoissances, il fait celle d'un certain *Raymondo*, Médecin, & lui déclare qu'il n'y a pas dans le monde une femme plus belle que sa mère & sa nourrice, qui sont les seules qu'il avoit vues jusqu'alors. *Raymondo* avoit une femme d'une rare beauté ; il la vante au jeune homme, sans dire qu'il en est le mari, & promet de la lui faire voir le lendemain à l'Église. Le jeune Portugais ne cesse de la considérer ; il en devient amoureux, & obtient de la belle, après quelque résistance de pruderie, l'aveu de son amour. Il donne chaque jour à son ami le Médecin des nouvelles des progrès de sa bonne fortune, & de la manière dont il a su se cacher à la vue de son mari, qui les avoit surpris, sans seulement soupçonner que le Médecin fût l'époux. Il s'étoit caché la première fois, derrière le rideau du lit ; la seconde, dans un coffre, & la troisième dans une armoire. A cette dernière recherche, *Raymondo* ne trouvant rien, entra dans une telle colère, qu'il mit le feu à la chambre à coucher. La femme s'agite comme si cette armoire lui importoit le plus, & la fait transporter hors de la maison par quatre hommes robustes. Enfin le Médecin, pour se venger,

---

son *École des Femmes* dans cette nouvelle. Voyez aussi une comparaison de la pièce de Molière avec ce conte de *Straparola*, avec le *Maître en Droit* de la Fontaine, avec une *Nouvelle* de c ar ron , & l'*École des Cocus* de Dorimon, dans l'ouvrage érudit, intitulé : *De l'Art de la Comédie*, par M. Cailhava.

invite le Prince à un grand repas, où tous ses amis devoient se trouver : il l'enivre & le fait jaser, au point qu'il raconte son aventure à toute la compagnie. Son Amante en est informée par un valet, & lui envoie dans un verre l'anneau qu'il lui a donné, & qui lui fait connoître tout-à-coup qu'elle est la femme de *Raymondo*. Le Prince, pour éviter toutes suites fâcheuses, part peu de jours après, & s'en retourne à Padoue.

Si le sujet de ces Histoires est emprunté de Shakespear, & que le reste soit de l'invention du Poëte, il lui reste encore assez de mérite original. Tous les Critiques reconnoissent cette pièce comme la meilleure de ses Comédies, & l'on peut la soumettre au plus rigoureux examen de ceux qui, quand il est question de Shakespear, se récrient sur l'irrégularité & la négligence de l'ensemble. Ce n'est pas que plusieurs autres de ses pièces n'aient aussi l'unité de plan & la plus heureuse exécution ; mais peut-être que dans aucune, l'art de l'intrigue, la liaison du sujet principal & des épisodes ; en un mot, l'Art Dramatique que tout le monde n'apperçoit pas, ne paroissent pas avec plus d'évidence que dans celle-ci ; sans parler de la peinture frappante des caractères, des accessoires ménagés avec beaucoup d'effet, & du vif éclat qui résulte de tous ces groupes différens (†).

Le changement que *John Dennis* a entrepris de faire à cette Comédie, & qu'il a donné au Public sous le titre : *The comical gallant, with the amours of Sir John Falstaff,*

(†) Dans *les Lettres sur les Anecdotes remarquables de la Littérature* (*Léipz*. 1768, *in*-8°. *pag*. 269 *& suivantes*), les principales situations de cette pièce sont très-bien développées.

1702, *in*-4°. n'eſt pas parvenu juſqu'à moi. Les Critiques Anglois n'en jugent pas très-favorablement. La Comédie de Kenrick, *Falſtaff's wedding*, *les nôces de Falſtaff*, eſt une continuation de la Tragédie de *Henri IV*.

F I N.

LES
FEMMES JOYEUSES
DE WINDSOR.
COMEDIE.

PERSONNAGES.

Sir JEAN FALSTAFF.
FENTON, *Amant d'Anne Page.*
SHALLOW, *Juge de paix du Comté de Gloceſtre.*
SLENDER, *couſin de Shallow.*
M. PAGE, } *Gentilshommes aiſés, demeurans à*
M. FORD, } *Windſor.*
Sir HUGUES ÉVANS, *Miniſtre Gallois.*
Le Docteur CAIUS, *Médecin François.*
L'HOTE *du Cabaret de la Jarretière.*
BARDOLPH,
PISTOL, } *filoux à la ſuite de Falſtaff.*
NYM,
ROBIN, *Page de Falſtaff.*
GUILLAUME PAGE, *jeune fils de M. Page.*
SIMPLE, *Laquais de Slender.*
RUGBY, *Laquais du Docteur Caïus.*
Madame PAGE.
Madame FORD.
Miſſ Anne PAGE, *fille de M. Page, maîtreſſe de Fenton.*

QUICKLY, *Gouvernante du Docteur Caïus.*
DOMESTIQUES *de Page, de Ford,* &c.

La Scène est à Windsor, & dans les environs.

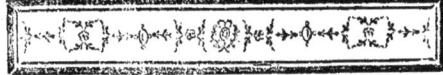

LES FEMMES JOYEUSES DE WINDSOR.

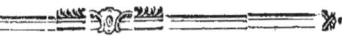

ACTE PREMIER(1).

SCÈNE PREMIÈRE.

La Scène repréſente une petite place devant la maiſon de Page, à Windſor.

Le Juge SHALLOW, SLENDER, *& Sir* HUGUES ÉVANS (†), *paroiſſent s'entretenant avec chaleur* (2).

SHALLOW.

Allez, Sir Hugues (3) : ceſſez de vouloir me perſuader. Je veux faire de ceci la matière d'un

___

(†) Shallow eſt (comme le mot l'annonce) un homme borné, un ſot Juge de Village ; important, content de lui-même & de ſa

Tome X.   A

procès par-devant la Chambre étoilée (†). Fût-il Sir
Jean Falstaff vingt fois plus qu'il ne l'est, il ne se
jouera pas de Robert Shallow Écuyer.

SLENDER.

Écuyer, Juge de paix dans tout le Comté de Glocester, voyez-vous! & un des *Coram* (¶).

---

race, employant beaucoup de paroles pour ne rien dire. C'est
sous ce nom que Shakespear joua le Juge ou Seigneur qui l'avoit
forcé à fuir de Stratford, sa patrie, pour une étourderie de jeune
homme, pour un fait de chasse. Slender, son neveu, maigre,
chétif de corps & d'esprit, est un jeune idiot plus imbécille que
son oncle, ressemblant au Thomas Diafoirus de notre Molière, qui demande à son père : *Baiserai-je?* Hugues Évans est un
Ministre, venu des montagnes de Galles, grossier, peu instruit,
pédant, estropiant la prononciation de l'Anglois, dont il corrompt plusieurs mots, & prononçant toujours le *b* comme le *p* ;
ridicule que je lui ai conservé, & qui fait toujours son effet sur le
théatre.

(†) La Chambre étoilée étoit anciennement une Chambre Criminelle de Justice extraordinaire, à Westminster. Son nom vient
de ce que le plafond de la chambre où l'on rendoit la justice, étoit
orné d'étoiles d'or. *Eschenburg.*

(¶) Première balourdise que Shakespear fait dire au nigaud
Slender, au lieu de *Quorum*. C'étoient des Juges choisis qui devoient assister au jugement des affaires importantes, ainsi appellés
de la formule de leur commission conçue en latin, & en ces
termes : *Quorum N. unum esse volumus.* Gray.

SHALLOW.

Oui, neveu Slender; & aussi *Custos* (†).....

SLENDER *l'interrompant.*

Et des *ratalorum* encore! Gentilhomme né, Monsieur le Ministre, qui se souscrit *armigero* (¶) dans tous les actes, billets, quittances, citations, obligations: *armigero* par-tout.

SHALLOW.

Oui, je signe ainsi, & ai signé sans interruption ces trois cent dernières années.

SLENDER.

Tous ses successeurs décédés *avant* (§) lui l'ont fait; & tous ses ancêtres qui viendront *après* lui, peuvent le faire. Allez au Château des Shallows: vous verrez notre casaque avec les treize écussons, pendue dans le grenier depuis deux mille années (*).

ÉVANS.

C'est vraiment une très-vieille casaque! N'y trouve-t-on que des écussons?

(†) Seconde sottise de Slender. *Shallow* dit: Et aussi *Custos*, gardien des Sceaux. Slender qui prend ces deux mots latins, *Custos rotulorum*, Garde des Sceaux, pour deux titres d'Offices différens, ajoute le second mot, en l'estropiant, comme une nouvelle charge de son oncle. *Farmer.*

(¶) Homme d'armes.

(§) Autre sottise de Slender.

SLENDER.

Je puis écarteler, mon oncle?

SHALLOW.

Vous le pouvez sans doute en vous mariant.

ÉVANS.

Vous perdez tout (†), s'il écartele.

SHALLOW.

Pas du tout.

ÉVANS.

Par les clochers de Galles! S'il prend un quartier de votre casaque, dans ma simple arithmétique, il ne vous en restera plus que trois quartiers. Mais cela ne fait rien; passons: ce n'est pas là le point dont il s'agit. — Si le Chevalier Falstaff a commis quelque dégât, quelque incivilité dans votre parc, je suis un mempre, (¶) de l'Église: en cette qualité, je m'offre de grand cœur à employer mon ministère pour régler des estimations & un compromis entre vous.

(†) Jeu de mots entre *marrying*, marier, & *marring*, gâter, qui disparoît dans la traduction.

(¶) On a déja observé que dans l'original, ce Ministre Gallois prononce le *b* comme le *p*, & corrompt plusieurs mots.

DE WINDSOR.

SHALLOW.

Non, le Conseil en entendra parler : c'est une violence (4) punissable.

ÉVANS.

Il n'est pas à propos que le Conseil entende parler d'une violence : on ne trouve pas la crainte de Dieu dans une violence. Le Conseil, voyez-vous, aimera à entendre parler de la crainte de Dieu, & non d'une violence. Comprenez-vous? — Avisez-vous, & faites vos réflexions.

SHALLOW.

Ah! par le sang des Shallows, si j'étois jeune encore une fois, ceci se termineroit à la pointe de l'épée.

ÉVANS.

Il vaut mieux que vos amis, au lieu de l'épée, terminent l'affaire. En outre, je roule un expédient, là, dans ma cervelle galloise, lequel par aventure pourroit remédier à bien des choses. — Il y a une certaine Anne Page, qui est la fille de Sir George Page, laquelle fille est une assez jolie fleur de virginité.

SLENDER.

Miss Anne Page ? N'a-t-elle pas des cheveux noirs, & une petite voix comme celle d'une femme?

ÉVANS.

C'eſt juſtement la perſonne qu'il vous faut, quand vous la chercheriez dans les quatre coins du monde. Elle a ſept cents pièces ſonnantes d'or & d'argent : ſon grand-père (Dieu veuille l'appeller à la réſurrection pienheureuſe!) les lui donna généreuſement à ſon décès, pour en jouir ſi-tôt qu'elle aura pris ſes dix-ſept ans. Or, ce ſeroit un pieux mouvement de laiſſer là vos diſcuſſions & diſſenſions, pour ouvrir une alliance matrimoniale entre Sir Apraham & Miſſ Anne Page.

SLENDER.

Son grand-père lui a-t-il laiſſé ſept cents pièces d'or ?

ÉVANS.

Oui ; que ſon père fait valoir comme les talens de la parapole.

SLENDER.

Oh ! je comnois la jeune Démoiſelle : elle a de bons talens.

ÉVANS.

Sept cents pièces avec les eſpérances : ce ſont de pons talens que cela.

SHALLOW.

Oui, voyons de ce pas l'honnête Monſieur Page. — Falſtaff eſt-il dans la maiſon ?

ÉVANS.

Vous dirai-je un menfonge? Je méprife un menteur comme je méprife un homme faux, ou comme je méprife un homme qui n'eft pas vrai. Le Chevalier Falftaff eft dans la maifon ; &, je vous prie, laiffez-vous conduire par qui vous veut du pien. Je vais frapper à la porte, pour demander Monfieur Page.

(*Il frappe*).

Hola! hola! que Dieu péniffe votre logis & ceux qui font céans!

SCENE II.

Monfieur PAGE *paroît à la porte.*

PAGE.

Qui eft-là?

ÉVANS.

Une pénédiction de Dieu pour la famille, & votre ami qui frappe, & le Juge Shallow; & voici le jeune Monfieur Slender, qui, par aventure, vous contera dans la fuite une autre hiftoire, fi l'exorde fe trouve de votre goût.

PAGE

Je vous falue tous, en me félicitant de vous voir.

Monsieur Shallow, recevez mes remercîmens pour votre gibier, que Sir Jean. . . . .

SHALLOW.

Monsieur Page, je suis bien-aise de vous voir; mille souhaits pour votre bon cœur. J'aurois souhaité que le gibier fût meilleur. Il avoit été tué contre le droit des gens, Monsieur Page. — Comment se porte la digne Madame Page? — Et je vous rends graces toujours pour votre politesse; là, de tout mon cœur.

PAGE.

Monsieur, je vous remercie.

SHALLOW.

C'est moi, Monsieur, qui vous remercie : que vous le vouliez ou non, je vous rends graces.

PAGE.

Soyez le bien venu, jeune Monsieur Slender.

SLENDER *faisant beaucoup de révérences, d'un air gauche.*

Comment se porte votre lévrier fauve, Monsieur? J'entends dire qu'il a perdu de la longueur d'une demi-aune à la course sur les bruyères de (5) Cotsale (†).

(†) Pour Cotswold.

DE WINDSOR.

PAGE.

On n'a pas pu la juger : elle est restée indécise.

SLENDER *montrant Page du doigt, & souriant d'un air benêt.*

Il n'en veut pas convenir, il n'en veut pas convenir.

SHALLOW.

Non, vous n'en voulez pas convenir. —C'est votre faute, c'est votre faute. —C'est un brave animal, un excellent chien. Peut-on rien dire de plus ? L'animal est aussi brave qu'il est beau. — Avez-vous Sir Jean Falstaff chez vous ?

PAGE.

Oui, il est dans ma salle, & je souhaiterois pouvoir remplir le bon office de médiateur entre vous.

ÉVANS.

C'est parler, comme un Chrétien doit parler.

SHALLOW.

Il m'a offensé, Monsieur Page.

PAGE.

Monsieur, en quelque sorte il en a fait l'aveu.

SHALLOW.

Si l'offense est avouée, elle n'est pas réparée : voilà

la distinction juridique, Monsieur Page : il m'a offensé : oui, offensé, sur ma foi : en un mot, il m'a fait une offense. — Croyez - moi ; Robert Shallow, Écuyer, dit qu'il est offensé.

PAGE.

Voilà Sir Jean qui vient ici lui-même.

SCENE III.

Sir JEAN FALSTAFF *entre suivi de* BARDOLPHE, *de* NYM *& de* PISTOL.

FALSTAFF.

Hé bien, Monsieur Shallow ! vous voulez donc porter plainte au Roi contre moi ?

SHALLOW.

Chevalier, vous avez battu mes gens, tué mon daim, & enfoncé la porte de ma réserve.

FALSTAFF.

Mais je n'ai pas déshonoré la fille de votre garde.

SHALLOW.

Fi donc.... Bagatelle ! — Vous répondrez de cette insulte.

DE WINDSOR.

FALSTAFF.

Je veux en répondre tout-à-l'heure : j'ai commis tout cela. Vous avez maintenant la réponse.

SHALLOW.

Le Conseil connoîtra de l'affaire.

FALSTAFF.

Il vaudroit mieux pour vous que le Conseil n'en connût pas : on se rira de vous.

ÉVANS.

Pauca verba, Sir Jean. Donnez-nous des paroles plus mesurées, de bonnes paroles.

FALSTAFF.

De bonnes paroles ! Que vous avez d'esprit, homme de Dieu ! — Vous, Slender, je vous ai fracassé la tête : quelle action avez-vous contre moi ?

SLENDER.

Vraiment je l'ai dans ma tête, l'action que j'ai contre vous, & contre vos filoux à main crochüe, Bardolphe, Nym & Pistol.

BARDOLPHE.

Comment ; vous, maigre échine.... (†).

(†) *Vous, fromage de Banbury ;* allusion à la maigreur de Slender.

SLENDER.

Oui, soit : ceci ne blesse pas.

PISTOL.

Comment, vous, petit masque, petit farfadet (†).

SLENDER.

Poussez, dites, cela ne fait rien.

NYM *à ses deux camarades.*

Une balafre, vous dis-je, sur ce visage.

ÉVANS.

Pauca, pauca.

NYM.

Une balafre : voilà comme je me comporte, moi.

SLENDER.

Oh! où est Simple, mon valet? Le savez-vous, mon oncle?

ÉVANS.

Paix, je vous prie, jeune homme. — A présent, entendons-nous : voici, comme je le conçois, les trois arpitres qui doivent décider cette querelle ma-

---

(†) *Méphostophilus*; nom d'un lutin ou esprit familier dans l'Histoire enchantée du Docteur Jean Faust. *Steevens.*

jeure : d'une part , Monsieur Page; savoir (†) Monsieur George Page; secondement, moi-même ; savoir, moi; finalement & derniérement enfin , notre hôte de la Jarretière.

PAGE.

Nous trois , pour connoître de l'affaire, & rédiger l'accommodement entr'eux.

ÉVANS.

Parfaitement , vous saisissez pien. J'écrirai un précis de l'affaire sur mes taplettes. Nous travaillerons ensuite sur le fonds avec toute la discrétion dont nous sommes capables.

FALSTAFF.

Pistol ? —

PISTOL.

Il écoute de ses oreilles.

ÉVANS.

Par le Tiable & sa Tame, quelle phrase est-ce là ? *Il écoute de son oreille !* Fi , pure affectation.

FALSTAFF.

Pistol , avez-vous enlevé la bourse de Monsieur Slender ?

(†) Dans l'original, il y a *fidelicet* pour *videlicet*, savoir.

SLENDER.

Oui, par ce gant que je tiens, ou puiſſé je ne rentrer jamais dans ma grande chambre à trois fenêtres! Et il m'a pris cinq demi ſous en deniers blancs, & ſix carolus de laiton, & deux médailles du Roi Édouard (†), qui m'avoient coûté deux ſchellings chaque au moulin de Jacob le meûnier. Il a tout pris, comme ce gant eſt gant.

FALSTAFF.

Piſtol, ces faits ſont-ils fidèles ?

ÉVANS.

Non, très-infidèles, au contraire, s'il s'agit d'une pourſe filoutée.

PISTOL à *Évans*.

Vous, ſauvage montagnard! Ah! rendez grace à votre habit.
(*A Falſtaff*).

Sir Jean, mon maître, je demande le combat contre ce Myrmidon; cette lame de fer blanc (¶). Un démenti à l'inſtant ſur tes lèvres, un démenti pur & net. Vile momie d'écume & de boue, tu mens.

(†) C'étoient de larges ſchellings du Roi Édouard VI. *Farmer*.

(¶) Autre alluſion à la maigreur de Slender.

SLENDER.

Ce n'eſt pas lui ? Par ce gant, c'eſt donc cet autre.
(Montrant Nym).

NYM.

Prenez garde, Monſieur Slender, de réveiller mon humeur, ou je vous dirai : *Qui touche à la grille, tombe dans la trappe.* Si vous m'inſultez d'une mauvaiſe épithete..... Voilà ce qu'il faut que vous ſachiez.

SLENDER.

Par ce chapeau..... J'ai enfin trouvé mon voleur. C'eſt cette face rubiconde qui a fait le coup (*montrant Bardolphe*). Car j'ai du diſcernement, ſachez-le. Quoique vous ayez ſu m'enivrer une fois, je ne ſuis pourtant pas tout-à-fait une bête.

FALSTAFF à BARDOLPHE.

Que répliquez-vous (†), front d'écarlate & de rubis ?

BARDOLPHE.

Qui, moi, mon Commandant ? Je dis que ce Gentilhomme a perdu ſes cinq *ſentimens* de nature.

(†) *Scarlet & John.* Noms de deux brigands de la bande de Robin Hood : mais l'alluſion porte ſur la face rubiconde de Bardolphe. *Warburton.*

ÉVANS.

Il vouloit dire les cinq *fens*. Oh! ce que c'eft que l'ignorance de ces hommes d'épée!

SLENDER.

Oui, vous parliez auffi latin ce même foir; vous parlâtes enfemble. Mais n'importe; après ce tour je ne veux plus jamais m'enivrer, tant que je vivrai, que dans une compagnie fobre, honnête & civile. Si je m'enivre, je m'enivrerai avec des gens qui ont la crainte du Seigneur, & non parmi ces libertins d'ivrognes.

ÉVANS

Comme Dieu me jugera, c'eft là une intention vertueufe!

FALSTAFF.

Vous entendez nier tous les chefs de votre accufation, Meffieurs: vous l'entendez.

(*Miff Anne Page entre dans la falle, apportant des caraffes de vin*).

PAGE.

Non, ma fille, nous boirons à table: remportez ces flacons. (*Anne Page fort*).

SLENDER.

O ciel! c'eft là Miff Anne Page!

(*Madame*

DE WINDSOR.

(Madame Ford & Madame Page entrent).

PAGE.

Ha ! Madame Ford , salut,

FALSTAFF.

Madame Ford, foi de Chevalier, vous êtes la bien, la très-bien arrivée. Permettez, belle Ford. —
(Il l'embrasse).

PAGE.

Ma femme, saluez vos hôtes. Venez, Messieurs, vous mangerez votre part d'un pâté chaud de venaison. Allons, Messieurs, j'espère que nous noierons toutes vos querelles dans le verre.

(Les deux Dames , Falstaff & Page , entrent au fond de la maison).

SCENE IV.

SHALLOW, ÉVANS & SLENDER
demeurent.

SLENDER.

JE donnerois quarante schellings & plus pour tenir ici mon livre de sonnets & de chansons,

Tome X. C

(*Simple se présente*).

Comment, Simple? D'où venez-vous? Faut-il que je me serve moi-même, & que je n'aie d'autre suivant que mon ombre? Répondez. —Vous n'aurez pas non plus le livre d'énigmes sur vous? L'avez-vous?

SIMPLE.

Le livre d'énigmes! Comment, ne l'avez-vous pas prêté à Alix Pain-court, la fête de la Toussaints, quinze jours avant la Saint-Michel?

SHALLOW.

Venez, mon neveu : avancez, mon neveu. Nous sommes restés pour vous; nous avons un mot à vous dire : neveu, le voici, ce mot. Il s'agit d'une proposition, d'une sorte de proposition jettée à perte de vue par Sir Hugues, que voilà. Suivez-moi bien; me comprenez-vous?

SLENDER.

Oui, oui; vous me trouverez raisonnable : si la chose l'est, je ferai ce que demande la raison.

SHALLOW.

Mais me concevez vous?

SLENDER.

Si je vous comprends! Oh! très-bien.

ÉVANS.

Prêtez l'ouie à ses propositions, Monsieur Slender. Je vous tracerai un devis de l'affaire, si vous avez la capacité requise pour l'entreprendre.

SLENDER.

Non, je veux agir comme mon oncle Shallow me dira. Je vous prie, excusez-moi : il est Juge de paix dans son propre Comté, quoique je ne semble ici qu'un homme tout simple.

ÉVANS.

Mais ce n'est pas là la question : la question concerne votre mariage.

SHALLOW.

Oui, c'est là le point.

ÉVANS.

Oui vraiment, c'est là le point, & qui rend directement à la personne de Miss Anne Page.

SLENDER.

Quoi? si ce n'est que cela, je veux bien épouser Miss sous toutes conditions raisonnables.

ÉVANS.

Mais pouvez-vous marier vos affections avec cette

jeune fille ? Apprenez-le nous de votre pouche ou de vos lèvres; car divers Philosophes tiennent que les lèvres (†) sont une portion de la pouche : en conséquence, parlez clair & net. Pouvez-vous tourner vos inclinations vers Miss Anne ?

SHALLOW.

Neveu Abraham, pourrez-vous aimer cette jeune fillette?

SLENDER.

Je l'espère, Monsieur ; j'agirai comme il convient à un homme qui veut agir par raison.

ÉVANS.

Eh ! non. Par les pienheureuses ames d'en haut, vous devez répondre de ce qui est possiple. Sentez-vous pouvoir tourner vers elle vos chastes désirs?

SHALLOW.

Vous devez parler net : voulez-vous l'épouser avec une bonne dot ?

SLENDER.

Je ferois une chose bien plus forte à votre prière, mon oncle, pourvu toutefois qu'elle s'accorde avec la raison.

(†) Trait de ridicule contre un passage semblable d'une pièce de Jean Lilly. *Steevens.*

DE WINDSOR.

SHALLOW.

Eh! non. Concevez-moi donc, comprenez-moi, cher neveu; ce que je vous propofe tend à vous faire plaifir : pouvez-vous aimer cette jeune pucelle?

SLENDER.

Je veux l'époufer, Monfieur, à votre prière. Si l'amour n'eft pas grand au commencement, le ciel pourra bien le faire *décroître* fur une plus longue connoiffance, quand nous ferons mariés, & que nous aurons plus d'occafions de nous connoître l'un l'autre. Ne fais-je pas affez, que la familiarité engendre le mépris? Mais fi vous me dites, époufez-la, je l'époufferai; c'eft à quoi je fuis très-*diffolu*, & très-*diffolument*.

ÉVANS.

La réponfe eft fage, excepté dans fon dernier mempre, eu égard au terme de *diffolu*. Dans notre fens, c'eft *refolu* qu'il veut dire. Mais paffons. Son intention eft ponne.

SHALLOW.

Oui, je crois que mon neveu avoit bonne intention.

SLENDER.

Oh fûrement, où puiffé-je être écartelé tout vivant, là!

SCENE V.

Miss ANNE PAGE *entre.*

SHALLOW.

Chut! La belle Miss Anne vient ici. —Je voudrois rajeunir pour l'amour de vous, Miss Anne.

Miss ANNE.

Le dîner est sur la table, Messieurs : mon père désire l'honneur de votre compagnie.

SHALLOW.

Je vais me rendre à son invitation, belle Miss Anne.

ÉVANS.

La volonté de Tieu soit pénie. Je ne veux pas être apsent au pénédicité.

SCENE VI.

SLENDER, *Miss* ANNE PAGE, SHALLOW & ÉVANS *sortent.*

Miss ANNE *à* SLENDER.

Vous plaît-il de passer dans la salle, Monsieur ?

SLENDER.

Non, je vous remercie, en vérité, de bon cœur. Je suis fort bien.

Miss ANNE.

Le dîner vous attend, Monsieur.

SLENDER.

Je ne suis point un affamé, Dieu m'en garde ! En vérité je vous remercie. (*A Simple*). Allez, valet, car vous êtes toute ma suite; allez servir mon oncle Shallow. (*Simple sort vers le fond de la maison*). Un Juge de paix peut quelquefois avoir besoin du valet de son ami, voyez-vous. Je ne tiens encore que trois valets & un jeune garçon, jusqu'à ce que ma mère soit morte : mais n'importe, en attendant je vis encore comme un pauvre Gentilhomme.

Miss ANNE.

Je ne rentrerai point sans vous, Monsieur : on ne s'asseoira point à table, que vous ne soyez venu.

SLENDER.

Par ma foi, je ne veux rien manger. Je vous remercie tout autant que si je mangeais.

Miss ANNE.

Je vous prie, Monsieur, venez; marchons vers ce corridor.

SLENDER.

J'aime mieux marcher ici; je vous remercie. — J'ai eu le menton brifé l'autre jour en tirant des armes avec un maître d'efcrime; trois bottes pour une amourette! depuis ce tems je ne mange que des pruneaux cuits. — Pourquoi vos chiens aboient-ils ainfi? Avez-vous des ours dans la Ville?

Miſſ ANNE.

Je penfe qu'il y en a, Monfieur; j'en ai entendu parler.

SLENDER.

J'aime fort ce divertiffement. Voyez-vous, je combattrai auffi bien mon ours, que le plus vaillant homme d'Angleterre. — Vous feriez bien effrayée, fi vous voyez un ours lâché? Ne le feriez-vous pas?

Miſſ ANNE.

Oui, en vérité, Monfieur.

SLENDER *riant ſtupidement.*

Oh! c'eſt pour moi boire & manger que d'entendre cette naïveté. J'ai vu *Sackerfon* (†) lâché vingt fois, & je l'ai repris par le bout de fa chaîne. Mais je m'en fouviens: les filles & les femmes

---

(†) Nom d'un ours.

pouſſoient

DE WINDSOR.

pouſſoient des cris!... Oh! on ne crie pas comme cela! Il eſt vrai que le ſexe ne ſauroit ſouffrir ces animaux. Ce ſont des bêtes fort laides, & d'une vilaine phyſionomie.

(*Monſieur Page entre*).

SCENE VII.
PAGE, *Miſſ* ANNE, SLENDER.

PAGE.

Venez, cher Monſieur Slender, venez; nous attendons après vous.

SLENDER.

Je ne veux rien manger. Je vous rends graces, Monſieur.

PAGE.

Par le chapon qui fume ſur ma table, vous ne ferez pas votre volonté : allons, venez, venez. (*Le pouſſant pour le faire avancer*).

SLENDER *reculant*.

Non, je vous prie ; montrez-moi le chemin.

PAGE.

Avancez donc, Monſieur.

SLENDER.

Vous-même, Miss Anne, vous passerez la première.

Miss ANNE.

Non pas moi, Monsieur : je vous prie, avancez donc; je ne passerai point la première.

SLENDER.

Sur ma conscience, je ne veux pas passer le premier. Non, certes, je ne suis pas capable de vous faire cette insulte.

Miss ANNE.

Je vous en supplie, Monsieur.

SLENDER *avançant & reculant, & cédant à la fin.*

J'aime mieux être incivil, qu'importun (†). C'est vous-même qui vous faites insulte, là vraiment.

(*Ils sortent par la porte du fond*).

(†) Cette formule est bien ancienne, puisqu'elle étoit usitée mot pour mot du temps de Shakespéar.

SCENE VIII.

ÉVANS *a quitté la table, & paroît sur la Scène avec* SIMPLE, *qu'il veut charger d'une lettre.*

ÉVANS.

ALLEZ droit devant vous, & enquérez-vous du chemin qui mène au logis du Docteur Caïus. Une certaine Dame Quickly vit chez ce Docteur, laquelle est sur le pied de sa gouvernante, ou sa ménagère, ou sa cuisinière, sa blanchisseuse & repasseuse.

SIMPLE.

Bon, Monsieur.

ÉVANS.

Le mieux à faire est de m'écouter. Donnez-lui cette lettre; c'est une femme qui est fort de la connoissance de Miss Anne. Cette lettre tend à disposer cette femme, à l'engager de communiquer les désirs de votre Maître à Miss Anne. Marchez vîte, je vous prie : je vais consommer mon dîner; on a parlé de fromage & de pommes de reinette. (*Simple sort, & Evans rentre par une autre porte dans la salle à manger*).

SCENE IX.

L'Hotellerie de la Jarretiere.

La Scène représente la salle basse de l'Hôtellerie.

FALSTAFF *est assis dans un vaste fauteuil.* L'HOTE, BARDOLPHE, HYM, PISTOL & (†) ROBIN *sont autour de lui.*

FALSTAFF *poussant un soupir.*

Mon Hôte de la Jarretière —

„L'HOTE (¶).

Que dit ma grosse tour de Chevalier ? Parlez comme un sage & un savant.

FALSTAFF.

Franchement, mon Hôte, il faut que je réforme quelques-uns de mes suivans.

L'HOTE.

Congédiez, mon gros Hercule : cassez ; allons, qu'ils détalent !

(†) Petit Page de Falstaff.
(¶) Caractère jovial & goguenard, qui flatte Falstaff & se moque de lui.

DE WINDSOR.

(*A Pistol*).

Passe, sujet, passe.

FALSTAFF.

Je vis céans à la grosse entreprise comme le Roi, à raison de dix livres par semaine.

L'HOTE.

Vous êtes un Empereur, un Monarque, un César. —Je consens à gager Bardolphe : il percera mes tonneaux, il tirera le vin. Dis-je bien, puissant Hector ?

FALSTAFF.

Faites aussi bien que vous dites, mon Hôte.

L'HOTE.

J'ai parlé : il peut me suivre. (*A Bardolphe*). Je veux te voir faire mousser la bierre & coller le vin (†). Je n'ai qu'une parole : suis-moi. (*L'Hôte sort*).

FALSTAFF.

Bardolphe, suis-le. L'état de Sommélier (¶) est

(†) Allusion à la coutume des Marchands de bierre & de vin, qui pour rendre la bierre mousseuse, y jettoient du savon au fond du tonneau, & mettoient de la colle ou de la chaux vive dans le vin d'Espagne, pour le faire pétiller dans le verre. *Steevens.*

(¶) Parodie du proverbe. Un Apothicaire ruiné fait un Médecin tout neuf. *Steevens.*

un excellent métier. Un vieux manteau fait un juste-au-corps neuf; un Ecuyer flétri fait un Sommélier frais. Pars ; adieu.

BARDOLPHE.

C'est la vie que j'ai toujours désirée. Je veux faire fortune.

SCENE X.

Les autres. BARDOLPHE *sort.*

PISTOL *voyant sortir Bardolphe.*

O bas apostat, veux-tu quitter l'épée, pour tourner le fausset dans un caveau ?

NYM.

Son père le fit étant ivre. Ce mot n'est-il pas bien trouvé ? — Il n'a point l'humeur héroïque. Voilà le nœud.

FALSTAFF.

Je me réjouis d'être ainsi défait de cette bombe allumée : ses larcins étoient trop clairs : sa manière de dérober ressemble à celle d'un ignorant qui promène ses doigts sur une orgue ; il n'observe ni tems ni mesure.

DE WINDSOR.

N Y M.

La perfection est de voler à la minute, comme on bat la mesure en musique (†).

PISTOL.

Voler! fi donc; voler! Les gens sensés disent, subtiliser.

FALSTAFF.

Oh! çà, mes enfans, ma bourse est à sec.

PISTOL.

En ce cas, gare le feu (¶).

FALSTAFF.

Il n'y a pas de remède. Il faut que je grapille, mes amis, que je ruse.

PISTOL.

Les petits des corbeaux doivent avoir leur pâture.

FALSTAFF.

Qui de vous connoît Ford de cette Ville?

(†) *At minim's rest. Minim.* est l'ancien nom donné à la plus courte note de musique. *Langton.*

(¶) Proverbe. Ma chaussure est usée. (*Pistol*) gare les engelures.

PISTOL.

Je connois l'oiseau ; il est bien emplumé.

FALSTAFF.

Mes honnêtes grivois, je veux vous confier à quel point je me trouve. —

PISTOL.

A deux aunes & plus en rotondité.

FALSTAFF.

Trève de plaisanterie pour le moment, Pistol. Il est vrai, je me vois une ceinture de deux aunes de circonférence ; mais la circonférence n'est pas le point dont il s'agit maintenant : il s'agit de ressources & d'industrie. En deux mots, j'ai le projet de faire l'amour à la femme de Ford. J'entrevois des dispositions de sa part : elle jase, elle sert à table, elle décoche des œillades engageantes. Je puis interpréter le sens de son style familier : & toute l'expression de sa conduite, rendue en bon Anglois, est ; *je suis à Sir Jean Falstaff.*

PISTOL.

Il a bien étudié la belle; il sait bien traduire ses pensées en notre langue, à l'honnêteté près, qu'il en ôte.

NYM.

DE WINDSOR. 33

N Y M.

Un traducteur profond (†) ! — Passerez-vous cette pointe à ma belle humeur ?

FALSTAFF.

Les chroniques du canton disent, qu'elle a seule la régence du coffre-fort de son mari : elle a une légion de séraphins (¶) à sa disposition.

PISTOL.

Une légion de démons sur sa trace ! Allons, mon brave, sonnez la chasse, sonnez la chasse, vous dis-je.

N Y M.

Voilà de quoi échauffer l'imagination. Bon ; l'entreprise promet : conquérez-moi les séraphins.

FALSTAFF.

(*Il fait signe à Robin de lui verser à boire*).

J'ai su lui écrire une lettre, que voici dans cette

(†) *The anchor is deep*, *l'ancre est profonde*. Steevens entend le mot *anchor* d'un tonneau, connu sous le nom de *minot* ; en Allemand *anker*. Il croit cette allégorie bonne pour Nym, qui aimoit à boire. — Johnson doute de ce sens, & propose de lire *the author*. Farmer, en conservant le mot *ancre*, pense quelle peut être l'emblême d'un livre ou d'un Auteur profond.

(¶) Pièce d'or du temps.

Tome X. E

première poche : & dans la seconde est une autre
épître pour la femme de Page, qui vient aussi tout-à-
l'heure de m'octroyer des coups-d'œil encourageans.
Elle a examiné mon port & mes dehors avec un
détail judicieux. Quelquefois les rayons brillans de ses
yeux sont tombés sur ma jambe ; quelquefois sur ma
bedaine majestueuse.

PISTOL.

Ainsi le soleil brille sur la fange.

NYM.

Ton humeur (†) est plaisante : je te rends graces
de ce bon mot.

FALSTAFF.

Oh ! elle a fait la revue de mes dons extérieurs
avec un appétit, une avidité si grande, que le feu de
sa prunelle, tel qu'un miroir ardent, sembloit me

(†) Une des marques qui distinguent Nym des autres compagnons de Falstaff, c'est qu'il ne dit rien sans que le mot *humour*
s'y trouve. Du temps de Shakespear, une pareille affectation de
répéter par-tout un mot favori, suffisoit pour marquer un caractère. De son temps aussi, on fourroit par-tout ce mot *humour*. Le Poëte veut ici tourner cet abus en ridicule. On cite une
épigramme du temps sur quelqu'un qui rejettoit sur son *humeur*
toutes ses fautes, tous ses désordres, toutes ses folies. *Steevens*.

rôtir tout vif. Voici de même une lettre pour elle : elle tient auſſi la bourſe du ménage : c'eſt une mine à la Guyane (6), toute d'or, des plus fécondes. Je veux les attraper toutes deux, & elles ſeront mes tréſorieres (7) : elles ſeront mes Indes orientales & occidentales, & je veux commercer aux deux Indes. (*A Piſtol*). Toi, va, rends cette lettre à Madame Page ; (*à Nym*) & toi, celle-ci à Madame Ford. Nous proſpérerons, enfans, nous proſpérerons.

PISTOL.

Deviendrai-je un Mercure, un Pandarus de Troye, tandis que je porte une lame à mes côtés ? Que Satan prenne plutôt le métier, le maître & ſa ſuite.

NYM.

Mon *humeur* n'eſt point de faire d'actions baſſes. — Reprenez votre lettre d'*humeur* galante. Je prétends conſerver la fleur de ma réputation.

FALSTAFF *au Page Robin.*

Toi, ſujet, porte bravement mes lettres ; cingle, comme mon galion, vers ces côtes dorées. (*Aux deux autres*). Hors d'ici, inutile valetaille ; évanouiſſez-vous, comme des flocons de neige. Suez, trottez, labourez derrière un ſoc pour gagner quelque gîte, & vous y blottir à tâtons. Falſtaff veut prendre l'humeur du ſiècle, faire fortune comme un François : allez,

E ij

canaille ; moi, moi seul avec mon Page galonné.

(*Falstaff sort appuyé sur le Page*).

SCENE XI.

PISTOL & NYM *demeurent.*

PISTOL, *suivant des yeux Falstaff.*

Puissent les vautours te serrer le gosier (†)! De faux dez, des pions, de hautes & basses pièces dupent le riche & le pauvre. Je veux avoir des testons en poche, tandis que tu sanglotteras pour un denier, vil Mahométan !

NYM.

Je rumine dans ma tête des opérations d'une *humeur* vindicative.

PISTOL.

Comptes-tu te venger ?

NYM.

Oui, par le ciel & son étoiles !

(†) Hémistiche ridicule pris du berger Scythe. *Steevens.*

PISTOL.

Avec la langue ou le fer ?

NYM.

Avec tous les deux. — Je veux découvrir à Ford l'*humeur* de ce galant.

PISTOL.

Et moi pareillement, je prétends aussi raconter à Page, comment Falstaff, ce vil garnement, veut escamoter son argent, béqueter sa tourterelle, & salir sa couche.

NYM.

Je ne laisserai point refroidir mon *humeur*. Je suggérerai à Ford d'employer l'arsenic & la mort aux rats. Je veux lui donner la jaunisse ; ce changement de couleur a des effets dangereux. Telle est l'*humeur* de Nym.

PISTOL.

Tu es le Mars des mécontens ; je te seconde ; marche en avant.

(*Ils sortent*).

SCENE XII.

La Scène représente une chambre chez le Docteur Caïus.

La Dame QUICKLY, SIMPLE, & JEAN RUGBY *paroissent.*

QUICKLY.

Jean Rugby! Jean Rugby! Je te prie, monte au grenier, & regarde de tous tes yeux, si tu ne vois point mon maître, le Docteur Caïus mon maître revenir de la Ville. S'il rentre, & qu'il rencontre quelqu'un au logis; hélas, Jésus! nous aurons ici l'enfer : vous entendrez abuser de la patience de Dieu, & du nom de notre bon Roi Anglois.

RUGBY.

Je vais guetter. (*Rugby sort*).

QUICKLY.

Va, je récompenserai ta peine, foi de ménagère. Nous aurons un bon coulis, si-tôt qu'il sera nuit, à la dernière lueur du charbon de terre (†).

(†) C'est-à-dire, *dès que mon maître sera au lit.*

DE WINDSOR. 39

(*Rugby fort*).

Voilà un brave garçon, serviable, complaifant; & je vous en réponds, qui n'eft ni conteur de nouvelles, ni querelleur : fon plus grand vice eft d'être adonné à la prière ; il eft un peu trop porté de ce côté : mais nul chrétien qui n'ait fon vice : laiffons ce chapitre. — Pierre Simple eft votre nom, dites-vous ?

SIMPLE.

Oui, au défaut d'un meilleur.

QUICKLY.

Et Monfieur Slender eft le nom de votre maître ?

SIMPLE.

Oui vraiment.

QUICKLY.

Ne porte-t-il pas une barbe touffue, ronde comme le couteau d'un Gantier ?

SIMPLE.

Non sûrement ; il n'a encore qu'un petit menton délicat & imberbe, avec quelques foies de couleur d'or, de la couleur de Caïn (†).

(†) Caïn & Judas étoient peints fur les tapifferies avec la barbe rouffe.

QUICKLY.

Un homme élancé & pétulant ? N'est-il pas élancé & pétulant ?

SIMPLE.

Oui, oui, je vous le cautionne; haut & droit & robuste : ha! ha! il s'est battu contre un Garde chasse.

QUICKLY.

Que dites-vous ? Oh ! je crois le connoître : ne penche-t-il pas la tête sur une épaule, la main sur la hanche ; là, de cette façon, avec une démarche fière ?

SIMPLE.

Sans doute ; oui en vérité, c'est lui-même.

QUICKLY.

Allons, allons, que Dieu n'envoie pas de plus mauvais lot à Miss Anne ! Dites à Monsieur le Ministre Évans, que je ferai de mon mieux pour votre maître. Anne est une bonne fille, & je souhaite.......

SCENE XIII.

SCENE XIII.

Les mêmes. RUGBY *accourt.*

RUGBY.

Sauvez-vous ; hélas ! voilà mon maître qui vient !

QUICKLY.

Nous ferons tous exterminés. Courez à cette porte, bon jeune homme ; entrez dans le cabinet.

(*Elle enferme Simple dans le cabinet*).

Il ne s'arrêtera pas long-temps. —

(*Elle crie, afin que le Docteur l'entende*).

Hélas, Jean Rugby ! Jean ! où es-tu donc ? Viens, viens. Va, Jean, informe-toi de notre maître : je crains qu'il ne soit égaré ou malade, puisqu'il ne rentre point.

(*Elle chante un refrein*).

La, re, la, la rela, &c.

SCENE XIV.

Le Docteur CAÏUS *entre.*

CAIUS (†).

Que chantez-vous là ? Je n'aime point les bagatelles. Partez, je vous prie ; vous me chercherez un boitier (¶) verd dans mon cabinet ; une boëte oblongue, verte : entendez-vous ce que je *parle ?* une boëte verte.

QUICKLY.

Je vois, je vois ; vous allez l'avoir.

(*Bas, en s'en allant*).

Heureusement qu'il n'est pas entré pour la chercher lui-même. S'il avoit trouvé le jeune homme, Dieu sait la jalouse frénésie. . . . . .

(†) Caïus, dont il a plu à Shakespear de faire un Médecin ou Charlatan François, mêle quelques phrases françoises dans son discours, & d'ailleurs estropie la prononciation angloise : ce qui le rend plus comique encore.

(¶) Boitier, est un étui d'instrumens de Chirurgie. *Farmer.* Steevens pense, que c'est plutôt une boëte qui renfermoit des simples.

CAIUS *entre ses dents.*

Ouf! ouf! par ma foi il fait bien chaud. Je m'en vais à la Cour; & pourquoi? Traiter l'esprit malade de femmes qui se portent bien. — La grande affaire!

QUICKLY *revenant.*

Est-ce ceci, Monsieur?

CAIUS.

Oui, mettez-le dans la poche de mon manteau. Quickly, dépêchez... Où est cette tortue de Rugby?

QUICKLY *appellant.*

Rugby, Jean, viens vers ton maître, avance.

RUGBY.

Me voilà, Monsieur. (*Il entre*).

CAIUS.

Vous êtes Jean Rugby, & Jean Rugby n'est qu'un sot. Allons, prenez votre rapière, & me suivez à la Cour.

RUGBY.

Je l'avois bien pensé déja. —Voici la rapière contre la porte.

CAIUS.

Morbleu! le temps se perd. — Je me gronderois

moi-même. — Qu'ai-je oublié? — Ah! j'ai quelques simples encore à prendre dans le cabinet.... Je ne voudrois pas les avoir laiſſés pour un Empire.

(*Il entre dans le cabinet*).

QUICKLY.

Ah, malheureuſe que je ſuis! il va trouver le jeune homme, & devenir furieux.

CAIUS *dans le cabinet.*

O diable! diable! qu'ai-je ici dans ma pharmacie? Scélérate! larrone! — Rugby, ma grande épée.

(*Il reparoît entraînant dehors Simple par le collet*).

QUICKLY.

Mon bon maître, ſoyez content de . . . .

CAIUS.

Ha! pourquoi ferai-je content de . . . .

QUICKLY.

Le jeune garçon eſt un honnête homme.

CAIUS.

Et cet honnête homme, qu'a-t-il affaire dans mon cabinet? Morbleu, un honnête homme ne viendroit point dans mon cabinet.

DE WINDSOR. 45

QUICKLY.

Je vous conjure, ne soyez pas si *phlegmatique* (†) : écoutez l'affaire telle qu'elle est. Il m'est venu en commission de la part du Ministre Évans.

CAIUS.

Bon.

SIMPLE.

Oui, en conscience, pour la prier de . . . .

QUICKLY à *Simple*.

Paix, je vous en prie.

CAIUS à *Quickly*.

Contenez votre langue, vous. (*A Simple*).— Vous, suivez votre récit.

SIMPLE.

Pour prier cette honnête Demoiselle, votre confidente, de glisser un mot à Miss Anne en faveur de mon maître, qui la recherche en vue de mariage.

QUICKLY.

Voilà tout cependant : en vérité voilà tout ; mais

(†) La duégne Quickly, fort bonne pour les messages de toute espèce, se méprend quelquefois sur le vrai sens des mots qu'elle a entendu prononcer à son maître, & leur fait signifier tout le contraire.

je ne mettrai point mes doigts au feu pour cette besogne; je n'ai pas besoin de cela.

CAIUS.

Hugues Évans vous a envoyé? — Donnez-moi une feuille de papier, Rugby. (*A Simple*). Vous, attendez un moment. (*Caïus s'assied, & écrit*).

QUICKLY, *bas à Simple*.

C'est un grand bonheur qu'il soit si calme. Si ceci l'avoit jetté dans ses grandes furies, vous l'eussiez vu d'une violence & d'une *mélancolie*. — Nonobstant ma grimace, je ferai de mon mieux pour obliger Monsieur Slender : oui, jeune homme. Ce *oui* que je vous dis est vrai, comme le *non* que j'ai dit à mon maître ne l'étoit pas. Je puis appeler le Docteur François, mon maître, croyez-moi ; car je garde sa maison, conduis la lessive, & j'essuie, je brosse, je couds, repasse, cuis, assaisonne, balaie, rince, & fais moi-même tout ce qu'il y a à faire ici.

SIMPLE.

Vous avez une forte charge : c'en est une grande, que de vivre dans le service aux gages de quelqu'un.

QUICKLY.

En savez-vous déja quelque chose? Vous sentirez la charge : vous sentirez ce que c'est.... de se voir fur pié dès le point du jour, & tard au lit. — Néanmoins je vous le dirai à l'oreille ; mais ne soufflez pas un mot de ceci ; mon maître est lui-même amoureux de Miss Anne : mais nonobstant cela, je connois le cœur de Nancy (†). Il n'est ni chez vous ni chez nous.

CAIUS à *Simple*.

Vous, bélitre, rendez-moi ce billet au Prêtre Évans : c'est un cartel.... morbleu. Je prétends lui couper la gorge dans le parc. J'apprendrai à ce caffard en soutane à s'entremettre & s'immiscer.... Délogez vîte ; il ne fait pas bon pour vous dans ma maison. Morbleu ! je pulvériserai ses os comme la poudre médicale ; je ne lui laisserai pas en chair de quoi jetter au dogue qui jappe après lui. (*Simple s'enfuit*).

SCÈNE XV.

CAÏUS & *sa Gouvernante*.

QUICKLY.

Hélas ! il ne parle que pour l'ami de son maître.

CAIUS.

N'importe pour qui. — Ne m'avez-vous pas promis

(†) *Nancy, Nanny, Nan*; abréviations d'Anne.

que j'aurois Anne Page pour moi ? Morbleu! je prétends tuer ce Prêtre montagnard, & j'ai choisi notre Hôte de la Jarretière pour mesurer (†) nos épées. Morbleu! je veux avoir Anne Page pour moi.

QUICKLY.

Monsieur, la jeune fille vous aime, & tout ira bien. Nous devons nous taire & laisser jaser le monde. Ne faut-il pas donner aux fous leur franc parler ? Male peste !

CAIUS.

Rugby, venez derrière moi, & suivez-moi à la Cour. — Morbleu! si je n'ai pas la main de Miss Anne par vos soins, vous passerez ma porte. — Songez à me suivre, Rugby. (*Caïus sort avec Rugby*).

SCENE XVI.
QUICKLY *seule.*

VA, va, par toi-même tu auras la tête d'un fou. Non, je connois la pensée d'Anne sur ceci. Il n'y a pas une commère dans Windsor qui connoisse mieux

---

(†) Dans les duels ou combats en champ clos, le *Connétable* & le *Maréchal* examinoient les armes & les lances des combattans, & exigeoient qu'elles fussent égales & de la même longueur. *Gray.*

DE WINDSOR. 49

la pensée d'Anne que moi, & qui ait plus d'empire sur son esprit que moi. J'en bénis le ciel.

(*On entend du bruit en-dehors*).

FENTON *à quelques pas.*

Y a-t-il quelqu'un ici? Hola?

QUICKLY.

Qui rode ici? Je m'en doute. Venez jusqu'à notre maison, je vous prie.

SCENE XVII.

Monsieur FENTON *entre.*

FENTON (†).

Eh bien, bonne & obligeante femme, comment vous portez-vous?

QUICKLY.

Cahin, caha; mieux, quand vous avez la bonté de le demander.

FENTON.

Quelles nouvelles? Comment se porte la jolie Miss Nancy?

_____
(†) Jeune homme de condition, aimable, mais qui a dissipé sa fortune.

QUICKLY.

En paix & en vertu; & elle est jolie, & elle est honnête, & c'est une douce créature qui sent de l'amitié pour quelqu'un.

(*Le regardant*).

Je puis vous le dire en passant. Le ciel en soit loué!

FENTON.

Pensez-vous, que j'aurai quelque succès? Ne perdrai-je point ma déclaration & mes peines?

QUICKLY.

Véritablement tout est dans les mains d'en-haut: mais pourtant, Monsieur Fenton, je jurerais sur mes Heures, qu'elle vous aime. N'avez-vous pas un signe au-dessous du sourcil gauche?

FENTON.

J'ai en effet une marque de naissance; mais que s'ensuit-il? —

QUICKLY.

Ah, un bon conte s'en est suivi, Monsieur Fenton. Nancy a un signe tout pareil. — Mais, je le proteste, c'est la plus modeste fille qui jamais ait goûté de la vie. — Nous avons jasé hier une heure entière sur vos deux signes. — Je ne rirai jamais que dans la

DE WINDSOR.

compagnie de cette jeune enfant. Mais à dire vrai, elle est trop portée à la rêverie, à la *lancolie*. Quoique pour vous.... — Suffit..... Poursuivez.

FENTON.

Fort bien. — Je veux la voir aujourd'hui. Tenez, voici pour reconnoître vos soins : &, je vous conjure, que votre voix plaide encore en ma faveur. Si vous la voyez avant moi, recommandez-moi bien à elle, je vous prie.

QUICKLY *lui souriant*.

Le voudrai-je faire? Oui, foi de ménagère, je le voudrai : & au premier moment où nous reprendrons notre confidence, je vous en conterai davantage sur le signe, & aussi sur les autres galans.

FENTON.

Bon, adieu; je suis bien impatient de la voir.

QUICKLY *saluant*.

Ma révérence à votre Seigneurie, beau cavalier.

(*Fenton sort*).

Il est beau, sans mentir, & honnête; mais Anne ne l'aime point. Je sais les sentimens d'Anne mieux qu'aucune autre. — Allons, retournons à l'ouvrage. — Dieu! qu'ai-je oublié ? (*Elle sort en courant*).

ACTE II.

SCÈNE PREMIÈRE.

La Scène représente une espèce de promenade, ou de lieu champêtre derrière la maison de Monsieur Page.

Madame PAGE se promène tenant une lettre.

Madame PAGE.

Quoi ! j'aurai échappé dans la fleur de mon bel âge aux billets doux des amans, & aujourd'hui je serai en butte à leurs attaques ? Voyons.

(*Elle ouvre la lettre*).

« Ne me demandez point raison de l'amour que je
» sens pour vous ; car, quoique l'amour au désespoir
» puisse appeler la raison pour son (†) Médecin, il
» ne la prend jamais pour son conseil. Vous n'êtes
» pas jeune, je ne le suis pas non plus. Oh ! voilà que

(†) Warburton lit, *précision*, *son directeur de conscience dans les cas difficiles*. La première leçon est préférable. *Eschenburg.*

» la sympathie commence. Vous êtes gaie, je le suis
» aussi. Ha! ha! nouveau degré de sympathie entre
» nous. Vous ne haïssez pas le vin pétillant ; moi, je
» l'aime beaucoup. Pourriez-vous souhaiter plus de
» sympathie entre nous ? Qu'il vous suffise, Madame
» Page, du moins si l'amour d'un guerrier peut vous
» suffire, que je vous aime. Je ne vous dirai point,
» *ayez pitié de moi* ; ce n'est pas le style d'un soldat;
» mais je dis, *aimez moi* ». *Signé*,

Votre dévoué Chevalier,
Tout prêt pour vous à guerroyer,
Le jour, la nuit, à la chandelle;
Et des amans le plus fidèle,
JEAN FALSTAFF.

Que me veut ce vieil Hérode ? O corruption ! O siècle pervers ! Un homme en décadence, miné par les ans, vouloir se donner encore pour un jeune galant ! — Au nom du démon qui le pique, quelle imprudence (1) cette outre-à-vin a-t-il donc saisie dans ma conduite, pour oser ainsi s'attaquer à moi ? Quoi ! il ne s'est pas trouvé trois fois en ma compagnie. Qu'ai-je donc pu lui dire ?—Je ne fus point avare de ma gaïeté, il est vrai : que le ciel me le pardonne ! — En vérité, je veux présenter un bill au prochain Parlement (†), pour

---

(†) Warburton veut qu'on lise, *Mum*, pour *défendre la bierre forte*, qui enivre les hommes & leur inspire cette audace effrénée contre le beau sexe.

exporter tous les hommes. —Comment me vengerai-je de lui ? Car je prétends me venger, aussi vrai qu'il l'est, que sa large bedaine est farcie de gelées & de poudings.

SCENE II.

Madame F O R D *paroît.*

Mad. F O R D.

Madame Page, vous pouvez m'en croire, j'allois à votre maison.

Mad. P A G E.

Et croyez-moi aussi, si je vous réponds que je venois chez vous. — Vous avez mauvais visage.

Mad. F O R D.

Oh ! c'est ce que je ne croirai jamais. Je puis montrer la preuve du contraire.

Mad. P A G E.

Oui - dà ? — Mais vous avez mauvais teint, à mes yeux du moins.

Mad. F O R D.

Aux vôtres, soit. Je vous dis pourtant qu'on pour-

DE WINDSOR.

roit vous montrer la preuve du contraire. O Madame Page, conseillez-moi.

Mad. PAGE.

De quoi s'agit-il, voisine ?

Mad. FORD.

O voisine, sans une bagatelle, un petit scrupule qui me retient, je pourrois parvenir à un poste d'honneur.—

Mad. PAGE.

Défaites-vous de la bagatelle, femme, & prenez l'honneur. Quoi donc ? — Moquez-vous des bagatelles. Que voulez-vous dire?

Mad. FORD.

Si je voulois seulement faire en enfer un petit voyage d'un moment, pas plus long que l'éternité, je pourrois être tout-à-l'heure Madame la Chevalière.

Mad. PAGE.

Vous, menteuse! — M. le Chevalier Alix Ford! — Ce Chevalier ne passeroit (†) pas. Ainsi vous demeurerez dans l'ordre de la bourgeoisie.

(†) Autre leçon. *Nous abattrons les éperons à tous les Chevaliers.* C'étoit la punition d'un Chevalier dégradé, de lui abattre les éperons. *Jonhson.*

Mad. F O R D.

Une preuve plus claire que le jour ! — Lisez ceci, lisez. — Voyez, comment je pourrois être titrée. — Cet exemple me fera penser plus mal des hommes gras & replets, tant que j'aurai un œil ouvert pour distinguer les hommes sur l'apparence. Et cependant celui-ci sembloit ne pas oser hasarder un serment ; il louait la modestie des femmes ; il faisoit des reproches si bien placés, si graves, au relâchement des mœurs, qu'il m'avoit persuadée. J'aurais juré que ses sentimens s'accordoient avec ses discours ; mais ils n'ont nul rapport ; ils ne quadrent pas plus ensemble, que les cent pseaumes, & l'air *des jupons verds*. Quelle tempête a jetté sur notre terre de Windsor cette baleine qui porte tant de tonnes d'huile entassées dans son ventre ? Comment en tirerai-je vengeance ? Je pense que le meilleur parti seroit de l'amuser d'espérance, jusqu'à ce que le feu de son amour profane le fonde & le rende éthique. — Avez-vous jamais rien entendu de semblable ?

Mad. PAGE *lui rendant sa lettre, & prenant celle qu'elle avoit reçue elle-même.*

Lettre pour lettre, la même chose, si ce n'est que le nom de Page diffère du nom de Ford. A votre grande consolation, vous n'êtes pas, dans ce mystère, seule honorée de sa mauvaise opinion. Voici la sœur
jumelle

jumelle de votre lettre; mais que la vôtre, comme aînée, jouisse seule de l'héritage; car je proteste que la mienne n'y prétend rien. — Je vous réponds qu'il a un millier de ces lettres toutes écrites, avec un espace blanc pour les différens noms. Un millier! bon : bien plus. C'est la première édition, & les nôtres sont de la seconde. Il les fera imprimer sans doute, car il est fort indifférent sur le choix, puisqu'il veut nous mettre toutes les deux sous presse. J'aimerois mieux être une géante des temps fabuleux, & gémir sous le mont Pélion..... Allez, je vous trouverai vingt tourterelles libertines, avant de trouver un homme chaste.

Mad. FORD *comparant les lettres.*

En effet, c'est en tout la même lettre, la même main, les mêmes mots. Que pense-t-il donc de nous ?

Mad. PAGE.

Je n'en sais rien. Ceci me donne presque envie de quereller ma vertu. Je veux me tâter, m'étudier moi-même, comme quelqu'un dont je n'ai pas une parfaite connoissance. Sûrement, s'il n'avoit reconnu dans la place quelque foible que je n'y connois pas, il ne m'eût jamais assiégée avec cette audace effrénée.

Mad. FORD.

Nommez-vous ceci un siége? Oh! Je réponds d'empêcher l'assiégeant de tenter l'escalade.

Mad. PAGE.

Et moi de même. S'il arrive jusqu'au corps de la place, je consens à mettre bas les armes pour toujours. Vengeons-nous de lui ; assignons-lui chacune un rendez-vous ; feignons de compatir à sa peine ; promenons-le finement d'amorces en amorces, jusqu'à ce que sa bourse soit à sec, & que ses chevaux restent pour gage chez notre Hôte de la Jarretière.

Mad. FORD.

Oh ! je suis de moitié avec vous dans toutes les méchancetés qui ne compromettront pas le fonds de notre honneur. Oh ! si mon mari voyoit cette lettre, elle fourniroit un aliment éternel à sa jalousie.

Mad. PAGE.

Regardez, le voilà qui vient, & mon digne époux avec lui. Celui-ci est aussi loin de la jalousie, que je suis loin de lui en donner sujet : &, je l'espère, la distance est immense.

Mad. FORD.

Vous êtes à cet égard la plus heureuse des deux femmes.

Mad. PAGE.

Allons complotter ensemble contre notre gras Chevalier. — Retirons-nous de ce côté.

(Elles s'éloignent).

DE WINDSOR.

SCENE III.

Monsieur FORD entre avec PISTOL; Monsieur PAGE entre avec NYM, & chaque couple s'entretient séparément. PISTOL a fini le premier, & appelle NYM, qui conte encore. PISTOL assure PAGE, qu'il peut compter sur la vérité de ce que lui dit NYM.

FORD.

Non, j'espère qu'il n'en est rien.

PISTOL.

L'espoir, dans certaines affaires, ressemble à un lévrier qui a perdu sa queue (†), & manque son gibier. Sir Jean convoite votre femme.

FORD.

Eh quoi? Ma femme n'est plus jeune.

PISTOL.

Il attaque des deux mains une grande & une naine, une bourgeoise & une noble, une riche & une pauvre;

(†) La queue est regardée comme nécessaire à l'agilité du chien : & suivant les loix forestières, la méthode de dégrader un chien, est de lui couper la queue. *Jonhson.*

il chaſſe la jeune & la vieille à la fois. M. Ford, il aime votre pain quotidien. Veillez, M. Ford.

FORD.

Il aimeroit ma femme?

PISTOL.

Du foye le plus chaud. —Prévenez-le, ou vous allez ma foi imiter feu Actéon aux piés de corne, qui ne l'avoit pas toute aux piés..... Oh! ce nom eſt odieux.

FORD.

Quel nom, Monſieur?

PISTOL.

Le nom d'un certain ſigne du firmament. Adieu, prenez garde, tenez l'œil ouvert; car les voleurs cheminent de nuit : prenez garde, ou, avant l'été, certain oiſeau vous ſaluera de ſon chant. —Détalons, Sir caporal Nym. —Croyez-le, Page, il vous parle raiſon.
(*Piſtol ſort*).

FORD.

Je ſaurai me modérer. J'approfondirai ceci.

NYM *s'arrêtant encore, & grimaçant à chaque phraſe qu'il dit à Page.*

Et c'eſt la vérité. Le menſonge répugne à mon *humeur*. Il m'a fait injure dans ſes *humeurs* galantes.

DE WINDSOR.

Vraiment, il falloit que je fuſſe d'*humeur* à porter ſa lettre à la belle; mais j'ai une épée, & elle me coupera des vivres dans ma néceſſité. — Il aime votre femme : en un mot comme en quatre, je me nomme le caporal Nym; je parle & je ſoutiens ce que j'avance : ceci eſt la vérité; je me nomme Nym, & Falſtaff aime votre femme. Adieu; je mépriſe le ſot qui eſt d'*humeur* à vivre de pain bis & d'eau. Voilà mon *humeur*. Bonſoir. (*Nym ſort*).

PAGE.

Son *humeur*, dit-il ! voilà un grivois terrible. Il vous pourſuit l'*humeur* par-tout où il peut la joindre.
(*Ford & Page parlent à leur idée, & à part, quoique haut, dans le reſte de cette Scène*).

FORD.

Je prétends chercher & découvrir ce Falſtaff.

PAGE.

Je n'entendis jamais plus d'affectation. Ce drôle ne parle que par convulſion.

FORD.

Si l'avis eſt fondé, nous verrons.

PAGE.

Je n'ajouterai point foi à un Cataïen (†) pareil,

(†) *A un Cataïen pareil.* La Chine s'appelloit anciennement

quand le Miniſtre de la Ville nous le cautionneroit pour un homme ſincère.

FORD.

C'eſt un garçon honnête & bienveillant (†). Nous verrons.

SCENE IV.

Madame PAGE *& Madame* FORD *reparoiſ-ſent & s'approchent.*

PAGE.

Si matin en campagne! Où vas-tu, Goton?

Mad. PAGE.

Où allez-vous, George? — Nous prenons l'air. — Écoutez. (*Elle le prend ſous le bras, & lui parle*).

Cataïa ou *Cathay*. On donne ce nom à Piſtol à cauſe de ſon adreſſe à filouter; défaut reconnu du peuple Chinois, dont on dit, que les autres Nations ne voyent qu'avec un œil, & que les Chinois voyent avec deux. *Steevens.*

(†) Ce couplet & les deux précédens de Ford, c'eſt lui qui ſe les dit à lui-même, ſans aucune liaiſon avec les ſentimens de Page, qui fait auſſi ſon commentaire à part, ſans faire attention à Ford. *Steevens.*

DE WINDSOR.

Mad. FORD *à son mari.*

Qu'est-ce, cher Arthur? Pourquoi êtes-vous mélancolique?

FORD.

Moi mélancolique! Je ne suis point mélancolique. — Retournez au logis; allez.

Mad. FORD.

Oh sûrement, vous avez en ce moment quelques lubies en tête. — Souhaitez-vous rentrer, Madame Page?

Mad. PAGE.

Je vous suis. — Vous reviendrez dîner, George?

(Elle rejoint Madame Ford, & lui dit bas, en indiquant Quickly).

Jettez les yeux vers la haie. Cette femme sera notre messagère auprès de l'imprudent Chevalier.

SCENE V.

Dame QUICKLY *entre.*

Mad. FORD *à Mad.* PAGE.

CROYEZ-MOI; je songeois à elle; sa tournure convient à merveille.

LES FEMMES JOYEUSES

Mad. PAGE *s'avançant vers Quickly.*

Voulez-vous qu'on vous devine? Vous courez chez ma fille ?

QUICKLY.

Oui en confcience : & comment fe porte, je vous prie, la chère Miff Anne ?

Mad. PAGE.

Accompagnez-nous, & venez le voir. Nous en avons pour une heure à jafer enfemble.
(*Mad. Page, Mad. Ford & Quickly fortent*).

SCENE VI.
PAGE & FORD *demeurent.*

PAGE.

Quoi! fi rêveur, Monfieur Ford!

FORD.

Vous avez entendu ce que m'a dit cet homme? Ne l'avez-vous pas entendu ?

PAGE.

Et vous, vous avez entendu ce que m'a dit fon compagnon ?

FORD.

FORD.

Les croyez-vous sincères ?

PAGE.

Fustigez-les, s'ils y reviennent, les fourbes. Je ne pense pas que le Chevalier voulût s'émanciper jusque-là : mais ce couple qui l'accuse d'un dessein sur nos femmes, n'est qu'un attelage de fripons qu'il a chassés. Ce sont des vagabonds sans foi, aujourd'hui qu'ils manquent de service.

FORD.

Ils étoient à ses gages ?

PAGE.

Eh ! sans doute.

FORD.

Je n'en goûte pas mieux l'avis qu'ils nous donnent. Sir Jean loge à la Jarretière?

PAGE.

Oui, il y loge. En honneur s'il chasse à ma femme, & veut tenter près d'elle une course périlleuse, je consens à la lâcher seule & libre à sa rencontre : & tout ce qu'il obtiendra d'elle, hors des rebuffades & de mauvais complimens ; tout, mon ami, je le prends sur mon front.

FORD.

Je n'ai point de mauvais soupçons sur ma femme ; mais je n'aimerois pas à les lâcher toutes deux en pleine liberté. Un mari peut se mal trouver d'un excès de confiance : je ne veux rien prendre sur mon front, moi : je ne suis point, comme vous, d'humeur à m'accommoder de cela.

PAGE.

Regardez de ce côté. Voyez notre Hôte bourgeonné qui vient en frédonnant à grosses notes. Il a du vin dans la tête, ou de l'or dans sa bourse, quand il porte une face si joyeuse. — Bonjour, notre Hôte.

SCENE VII.

Les mêmes. L'HOTE & SHALLOW, *s'approchent.*

L'HOTE, à *Shallow*.

Qu'est-ce, Cavalier de Justice ? Vous êtes un Gentilhomme, vraiment, & un bruyant convive.

SHALLOW.

Je vous suis, mon Hôte ; je viens après vous. — Vingt fois bonsoir, cher Monsieur Page. Monsieur

Page, voulez-vous venir avec nous? Nous avons une partie de plaisir à deux pas.

L'HOTE.

Contez-la lui, Cavalier de Justice, contez-la lui ; bruyant convive.

SHALLOW.

Un combat à mort, Monsieur, un duel entre le Ministre Gallois Évans, & Caïus le Médecin François.

FORD.

Notre cher Hôte de la Jarretière, j'ai un mot à vous dire.

L'HOTE.

Que dites-vous, brave Amphitrion ?
(*Ford l'emmène à quelque distance*).

SHALLOW, *à Page.*

Voulez-vous venir avec nous jouir de ce spectacle ? Mon joyeux Hôte vient de mesurer les épées : il avoit l'inspection des épées ; & il a, je pense, assigné pour rendez-vous aux deux champions, des lieux tout opposés : car on assure, croyez-moi, que le Ministre ne plaisante point. Écoutez-moi, je vous conterai le plaisir que nous allons avoir.

L'HOTE, *à Ford.*

N'avez-vous point d'action judiciaire contre mon Général, mon Chevalier errant?

FORD.

Aucune, je le protefte : mais je vous donnerai un flacon de vin vieux, fi vous m'introduifez auprès de lui, & l'affurez que mon nom eft Broc (†). Il s'agit d'une badinerie.

L'HOTE.

Votre main, mon maître. Vous aurez vos entrées & vos forties : dis-je bien? & votre nom fera Broc. — Oh! c'eft un joyeux Chevalier. — Partons-nous, partons-nous? Une héritière eft le fujet de la querelle.

SHALLOW.

Après vous, mon Hôte.

PAGE.

J'ai ouï-dire que ce François s'efcrime bien de fa rapière.

SHALLOW.

Brr! je le dirais mieux que perfonne. Aujourd'hui,

(†) Les Comédiens, dans leurs éditions, ont changé ce nom en celui de *Broom.* Théobald.

DE WINDSOR. 69

vous ne faites tous que ferrailler; & vous avez vos feintes, votre art d'égratigner, & vos estocades, & je ne sais quoi.

(*Il se déboutonne*).

C'est au cœur, Monsieur Page; c'est ici, c'est ici. J'ai vu le temps où avec ma longue épée (†), je vous eusse fait fuir tous les trois, découplés comme vous êtes, & vous blottir tous trois dans un terrier.

L'HOTE.

Venez, enfans, venez. Partons-nous ?

PAGE.

Nous sommes à vous. — J'aimerois mieux être à table, & les voir faire assaut de leurs langues, que de leurs épées.

(*Page, Shallow, & l'Hôte sortent*).

(†) Avant la courte épée appellée *rapier*, on se servoit d'épées d'une longueur énorme, qu'on levoit quelquefois des deux mains. Shallow, avec la vanité d'un vieillard, censure l'innovation des nouvelles épées, & les règles de l'escrime moderne (2). *Johnson*.

SCENE VIII.

FORD, *seul*.

Si Page est une dupe si confiante, & se repose si tranquillement sur sa fragile moitié, je n'ai point, moi, son talent pour me rassurer l'esprit si vîte. Elle dînoit hier avec Falstaff chez Madame Page; & ce qui s'y passe entre eux, je le sais moins que l'alcoran. Allons, je veux voir au fond de ceci ; mon nom emprunté me servira à sonder Falstaff. Si je trouve ma femme fidèle, je serai bien payé de ma peine : si elle vouloit cesser de l'être, c'est une peine bien employée.

(*Il sort*).

SCENE IX.

L'Hotellerie de la Jarretière.

FALSTAFF & PISTOL *paroissent*.

FALSTAFF.

Je ne veux pas te prêter un denier.

PISTOL.

Eh bien donc ! je me figure la terre entière comme

DE WINDSOR.

une huître (†) qu'il me faut ouvrir avec mon épée. — Pourtant voyez, je vous rembourserois loyalement sur la première contrebande.

FALSTAFF.

Pas un denier. J'ai trouvé bon, Sir, de vous prêter mon crédit pour emprunter ou mettre en gage : j'ai harcelé mes bons amis, afin d'obtenir trois répits pour vous & pour Nym votre compagnon (¶) de lit, sans quoi vous eussiez tous deux fait la moue à travers une grille, comme une accolade de babouins. Je suis damné dans l'enfer, pour avoir juré aux Lords, mes intimes, que vous étiez d'honnêtes gens, de bons soldats : & lorsque Madame Bridget perdit le manche (;) de son évantail, je pris sur mon honneur d'affirmer que vous ne l'aviez point.

PISTOL.

Ne partageâtes-vous pas le butin ? N'eûtes-vous pas quinze sous ?

(†) Allusion à un proverbe de la Province de Northampton. Le Maire de Northampton ouvre les huîtres avec un coutelas, pour les tenir à une distance suffisante de son nez ; parce que cette Ville étant à quatre-vingt milles de distance de la mer, il y avoit à parier que le poisson qu'on y apportoit étoit gâté. *Gray.*

(¶) Les Editeurs modernes lisent, *couch*, compagnon de lit. Les anciennes éditions, *coach*, de coche.

FALSTAFF.

Avec juste raison, impudent, avec juste raison. Penses-tu, que je veuille exposer mon ame gratis? En un mot, cesse de te suspendre à mon haut-de-chausse; je ne suis point le gibet qu'il te faut. — Allez, un poignard & des cordons de bourse. — Allez à votre affut de Pickt-hatch (†). — Partez. — Vous ne voulez pas me porter une lettre, vous, faquin? — Vous vous retranchez sur votre *honneur*! Vous, composé de bassesse infinie. Quoi! c'est tout ce que je puis faire, que de conserver mon *honneur* dans des bornes étroites : moi, moi, moi-même quelquefois laissant la crainte du ciel sur la main gauche, & couvrant ma vertu de ma nécessité, je suis tenté de ruser, de border la haie & de faire une filouterie : & vous, insolent, avec vos haillons, votre œil de renard, vos propos de taverne, vos sermens qui font dresser la chevelure d'un hermite, vous voulez vous cacher sous l'abri de votre *honneur*! Vous ne prétendez pas porter la lettre, vous!

PISTOL.

Je me repens. Que voulez-vous de plus d'un homme ?   (*Robin entre*).

(†) *Pickt-hatch* étoit un lieu où se rendoient beaucoup de voleurs. *Théobald*. Suivant Warton, c'étoit un quartier de la Ville rempli de mauvais lieux.

ROBIN.

DE WINDSOR.

ROBIN.

Sir, une femme est là qui demande à vous parler.

FALSTAFF.

Qu'elle approche.

SCENE X.

La Dame QUICKLY *entre.*

QUICKLY, *d'un air mystérieux.*

JE présente le bonjour à votre Seigneurie.

FALSTAFF.

Bonjour, digne femme.

QUICKLY.

Plaise à votre Seigneurie, ce nom ne m'appartient pas.

FALSTAFF.

Digne fille, donc.

QUICKLY.

J'en puis jurer ; telle encore que l'étoit ma mère le jour que je suis née.

Tome X.

FALSTAFF.

J'en crois la personne qui jure. Qu'avons-nous à traiter ensemble ?

QUICKLY.

Votre Seigneurie m'accorderoit-elle de lui dire un mot ou deux ?

FALSTAFF.

Deux mille, ma belle. Je vous accorderai même deux oreilles pour vous écouter.

QUICKLY.

Chevalier, il est une Dame Ford au monde. — Je vous prie, venez un peu plus près de cette fenêtre. — Moi, je demeure avec le Docteur Caïus.

FALSTAFF.

Bon, poursuivez. Madame Ford, dites-vous ? —

QUICKLY.

Votre Seigneurie dit la vérité. Je vous prie, venez un peu plus près de cette fenêtre.

FALSTAFF.

Je vous réponds que personne n'entend. — Ces gens sont de ma suite, de ma propre maison.

QUICKLY.

Sont-ils de votre suite ? Que le ciel les bénisse, & en fasse ses serviteurs !

DE WINDSOR.

FALSTAFF.

Bon! Madame Ford! — Quelles nouvelles de sa part?

QUICKLY.

Ah! Sir, c'est une douce créature! Jésus, Jésus, votre Seigneurie est badine & engageante! Hélas! que le ciel vous pardonne, & à chacun de nous! Je l'en prie tous les jours.

FALSTAFF.

Madame Ford. — Hé bien. — Madame Ford. —

QUICKLY.

Tenez, voici l'affaire au net. Vous l'avez jettée dans un si grand trouble, que c'est une chose surprenante. Non, le plus huppé des Courtisans qui fréquentent la Cour de Windsor, n'eût jamais su lui causer un pareil trouble (†) : & cependant nous avons eu céans des Chevaliers & des Lords, & des Gentilshommes avec leurs carosses. Oui, je vous le garantis, carosses suivoient après carosses, lettres sur lettres, présens sur présens, dans l'or & la soie, si parfumés qu'ils embaumoient; ce n'étoit que musc & rose : & puis des discours si flatteurs, des vers si coulans, suivis de

---

(†) Canary; danse fort vive, d'où ce mot a signifié *trouble*. *Johnson*.

pâtes, de conferves les plus exquifes & les plus belles; il y avoit, je vous affure, de quoi gagner le cœur de quelque femme que ce foit. Eh bien, elle ne fit pas les frais d'une œillade pour les voir. Moi-même je me fuis vu mettre, hier, vingt féraphins blancs dans ma main ; mais je défie, comme on dit, tous les féraphins du monde de réuffir autrement que par les voies honnêtes. — Et, je vous affure, le plus fier de tous ces Grands n'en obtint jamais la faveur, même de fucer le petit bord de fa foucoupe, lorfqu'elle prenoit fon thé. Pourtant on voyoit ici des Comtes : bien plus, des penfionnaires (†) de la Cour. Bon, tout cela ne fait que blanchir auprès d'elle.

FALSTAFF.

Mais que me dit-elle, à moi ? Abrégez. Au fait ; mon cher Mercure femelle.

QUICKLY.

Vraiment elle a reçu votre lettre, dont elle vous remercie mille & mille fois ; & elle vous fait annoncer que fon mari fort du logis entre dix & onze.

FALSTAFF.

Dix & onze ?

(†) Penfionnaire du Roi, étoit un Gentilhomme toujours fuivant le Prince, la lance en main. *Steevens.*

DE WINDSOR.

QUICKLY.

Oui, je vous l'aſſure : alors vous pourrez venir, & voir, dit-elle, le portrait que vous ſavez. — Monſieur Ford, ſon mari, reſtera tout le jour en Ville. Hélas! la tendre femme paſſe bien mal ſa jeuneſſe avec lui : cet homme eſt la jalouſie incarnée. La pauvre colombe! elle mène une triſte vie avec lui!

FALSTAFF.

Dix & onze! Femme, dites-lui bien des choſes de ma part. Je ne la manquerai pas.

QUICKLY.

Bon, c'eſt bien dit. Mais j'ai encore une autre commiſſion pour votre Seigneurie. Madame Page vous préſente auſſi ſes gracieux complimens ; &, je vous le dirai à l'oreille, c'eſt une femme modeſte de tout point, civile, vertueuſe; une Dame, voyez-vous, qui ne manquera pas plus à ſa prière du ſoir & du matin, que vos dévotes de Windſor, ſi béates qu'elles puiſſent être. Celle-ci m'a chargé de dire à votre Seigneurie, que ſon mari s'abſente rarement du logis; mais elle eſpère qu'il viendra des temps plus heureux. Jamais je n'ai vu femme raffoler à ce point d'un aimable Gentilhomme. Sûrement je penſe que vous avez un charme. Avouez, là, oui ſûrement.

FALSTAFF.

Moi, non, je vous le protefte. Si vous mettez à part l'attraction naturelle de mes avantages perfonnels, je n'ai point d'autres charmes.

QUICKLY.

Votre cœur en foit béni!

FALSTAFF.

Mais dites-moi une chofe, je vous prie. La femme de Ford & la femme de Page fe font-elles fait confidence de leur amour pour moi?

QUICKLY.

Ce feroit vraiment une belle plaifanterie! J'efpère qu'elles ont plus de bon fens en partage; ce feroit un beau tour, en effet! Mais Madame Page fouhaiteroit que vous lui cédaffiez, quoi qu'il vous en coûte, ce petit bambin (*montrant le Page Robin*) qui trotte par la Ville. Son mari, dit-elle, en eft entiché; & Monfieur Page eft un honnête mari, je puis vous l'affurer. Cherchez une bourgeoife qui mène une vie plus heureufe que Madame Page : elle fait ce qu'elle veut, dit ce qu'elle veut, reçoit tout, paie tout, fe couche, fe lève quand il lui plaît : tout fe fait comme elle le veut; mais elle le mérite vraiment : car fi nous voyons une bonne ame autour du Château de Windfor,

DE WINDSOR. 79

en vérité c'est elle. Il faut que vous lui envoyiez votre Page ; je n'y sais point d'autre remède.

FALSTAFF.

J'en ferai le sacrifice très-volontiers.

QUICKLY.

Mais faites-le donc. Vous sentez qu'il peut dans la suite aller & venir entre vous deux : & à tout événement, donnez-vous un mot du guet, afin de pouvoir connoître les sentimens l'un de l'autre, sans que le jeune garçon ait besoin d'y rien comprendre ; car il n'est pas bon que des enfans aient le mal devant les yeux : vous le savez, de vieux matois ont de la discrétion, dit un proverbe ; ils entendent le train du monde.

FALSTAFF.

Portez-vous bien : recommandez-moi à ces deux belles. Voici ma bourse, & je reste votre débiteur encore. — Page, allez avec cette respectable femme. — Ces nouvelles m'ont mis en feu.

(*Quickly sort avec Robin*).

PISTOL, *à part, lorgnant & suivant Quickly.*

Voilà une flûte équipée pour le commerce de Cupidon, qui semble d'assez bonne prise. Donnons-lui chasse, poursuivons ; forçons de voiles (†), faisons

---

(†) Le mot est *fights* ; toiles tendues autour du vaisseau, pour cacher à l'ennemi le nombre des hommes. *Jonhson.*

80 LES FEMMES JOYEUSES

feu : je vous l'enlève à l'abordage, ou l'Océan coulera à fond l'armement.

Il fort).

SCENE XI.
FALSTAFF, *seul*.

Tu fais donc de ces tours, vieux Falstaff? Suis ton chemin. — Je veux tirer parti de ton vieil individu, plus que je n'ai encore fait. Oui ! ces femmes jettent vers toi un regard de concupiscence. Dois-tu, après avoir dépensé de si gros fonds dans ta vie, te voir fleurir aujourd'hui & faire fortune? Je te remercie, ami vrai, bon vieux corps. Laissons dire à l'envie qu'il est construit grossiérement : s'il l'est agréablement, qu'importe ?

SCENE XII.
BARDOLPHE *entre*.

BARDOLPHE.

Mon Chevalier, un Monsieur Brok est en bas qui désire vous parler & faire connoissance avec vous, & il a envoyé à votre Seigneurie un baril de vin de Canarie.

FALSTAFF.

FALSTAFF.

Broc est son nom?

BARDOLPHE.

Oui, Chevalier.

FALSTAFF.

Qu'il monte. De pareils brocs sont bien venus chez moi, lorsqu'ils contiennent une pareille liqueur. — Ah, Dame Ford & Dame Page, vous ai-je bloquées toutes les deux? Bravo! courage.

SCENE XIII.

BARDOLPHE *rentre, amenant* **FORD** *déguisé & sous un autre nom.*

FORD.

Que Dieu vous garde, Sir.

FALSTAFF.

Et vous aussi, Sir. Souhaitez-vous me parler?

FORD.

Excusez, si j'ose m'introduire ainsi chez vous sans cérémonie.

FALSTAFF *jettant les yeux sur le baril qu'on apporte.*

Vous êtes le bien venu. Que défirez-vous ? Laiffe-nous, fommélier. (***B***ardolphe *fort*).

FORD.

Sir, vous voyez un Gentilhomme qui a dépenfé beaucoup d'argent. Je m'appelle Broc.

FALSTAFF.

Cher Monfieur Broc, je défire vous connoître plus amplement.

FORD.

Noble Sir Jean, j'ambitionne l'honneur de votre connoiflance ; non que mon deffein foit de vous être à charge : vous faurez d'abord que je me crois plus au large & plus en fituation d'obliger un ami, que vous ne pouvez l'être ; & cette raifon m'a femblé un paffe-port fuffifant pour abréger les complimens. On dit, vous ne l'ignorez pas, qu'où l'or frappe, toutes les portes tombent.

FALSTAFF.

Pefte ! l'or eft un bon foldat ; il fait brèche.

FORD.

Sans doute. (*Il foulève fon manteau*). Et j'ai ici un gros fac de piftoles qui me pèfe fous le bras & m'incommode. Si vous voulez m'aider à le porter, à le garder, Sir Jean, prenez-le tout, ou la moitié, pour me soulager du fardeau.

FALSTAFF.

Je ne fais pas, Monsieur.... à quel titre je puis.... Monsieur, mériter d'être votre caissier.

FORD.

Vous l'apprendrez, si vous avez la bonté de m'entendre.

FALSTAFF.

Parlez, cher Monsieur Broc : je serai ravi de vous servir & de vous soulager.

FORD.

Je serai court. J'entends dire de tous côtés, Sir, que vous êtes un homme éclairé, & vous m'êtes connu depuis long-temps, quoique malgré mon désir je n'aie jamais trouvé l'occasion de me faire connoître de vous. Ce que je vais vous découvrir, m'oblige d'exposer au jour mes propres imperfections : mais, cher Sir Jean, en jettant un œil sur mes faiblesses quand vous les entendrez dévoiler, tournez l'autre œil sur le regiftre des vôtres ; alors j'échapperai peut-être plus facilement au reproche. Personne ne sait mieux que vous, combien les péchés du genre des miens sont faciles.

L ij

FALSTAFF.

Très-bien. Pourfuivez.

FORD.

Une certaine Dame habite cette Ville. Son mari fe nomme Ford.

FALSTAFF.

A merveille.

FORD.

Je l'aimai long-temps. Il me fouvient, croyez-moi, des fommes que j'ai prodiguées pour elle. — Avec quelle ardeur vigilante j'ai fuivi tous fes pas ! mis l'enchère aux moyens de la rencontrer ! mandié chaque occafion qui m'offroit, à la dérobée, le bonheur de la voir une minute ! Non content des cadeaux que j'achetois fans ceffe, j'ai donné beaucoup autour d'elle, pour favoir quels feroient les dons qui lui plairoient. Bref, je l'ai pourfuivie comme l'amour me pourfuivoit; c'eft-à-dire à toute heure, à toute occafion. Mais quoique j'aie bien mérité, du moins dans mon opinion, une récompenfe, je n'en ai reçu aucune, ou qu'une feule, l'expérience. Si c'eft un tréfor, j'ai acquis celle-ci à grand frais : ce qui m'a inftruit à dire que,

> L'amour, comme notre ombre, fuit
> L'objet réel qui la pourfuit ;
> Pourfuivant toujours qui le fuit,
> Et fuyant qui le pourfuit.

FALSTAFF.

N'avez-vous jamais tiré d'elle de promesse de vous satisfaire ?

FORD.

Jamais.

FALSTAFF.

L'avez-vous follicitée à cet effet ?

FORD.

Jamais.

FALSTAFF.

Diable ! de quelle nature étoit donc votre amour ?

FORD.

Il reſſembloit à l'homme qui bâtit une belle maiſon ſur le terrain d'un autre. Ainſi pour m'être mépris de place, j'ai perdu mon édifice & mon argent.

FALSTAFF.

Mais à quel propos m'apportez-vous cette confidence ?

FORD.

Quand je vous l'aurai dit, je vous aurai tout dit, Sir Jean. Suivant certains ouï-dire, cette vertu, ſi farouche pour moi, s'apprivoiſoit en d'autres rencontres; & la belle s'eſt tellement livrée à toute ſa belle humeur, que le public gloſe aſſez mal ſur ſa conduite.

Voici donc, Sir Jean, le fond de mon projet. Vous êtes un homme de rang, d'une éducation accomplie, parlant admirablement bien, voyant les meilleures sociétés, recommandable par votre place & par votre personne, cité pour vos exploits guerriers, votre air de Cour & vos profondes connoissances.

FALSTAFF.

Ah, Monsieur!

FORD.

Croyez-le, & vous le savez bien. Voilà de l'argent; dépensez, dépensez-le; dépensez plus, dépensez tout ce que je possède; & prêtez-moi seulement en échange de ma bourse, autant de votre temps qu'il en faut pour ouvrir une tranchée en forme devant l'honneur de la femme de ce Ford : employez votre art conquérant ; forcez-la de se rendre à l'amiable. S'il est un homme qui puisse la vaincre, c'est vous plus que tout autre.

FALSTAFF.

Seroit-ce un moyen de vous guérir de votre amour, que de m'emparer de celle pour qui vous brûlez? Il me semble que vous choisissez vos remèdes bien étranges.

FORD.

Oh! concevez mon but. Notre *auguste* se guinde si haut sur les principes d'honneur, que je crains sottement de l'approcher de près. L'objet me semble trop éblouissant pour ma vue. Mais si j'arrivois devant elle avec quelques preuves de fait en main, mes désirs auroient un exemple alors, & un titre pour se faire valoir : je pourrois alors la forcer dans ses retranchemens d'honneur, de réputation, de foi conjugale, & mille autres défenses qui m'en imposent maintenant, comme une armée en bataille. Que dites-vous de ceci, Sir Jean ?

FALSTAFF.

Monsieur Broc, je commence d'abord par user sans façon de votre bourse ; ensuite mettez votre main dans la mienne : enfin, comme il est vrai que je suis un Gentilhomme d'honneur, si Madame Ford vous plaît, je vous la livre.

FORD.

Obligeant Chevalier !

FALSTAFF.

Monsieur Broc, vous l'aurez, vous dis-je.

FORD.

N'épargnez point l'argent, Sir Jean ; vous n'en manquerez pas.

FALSTAFF.

Et vous ne manquerez pas d'avoir Madame Ford, Monsieur Broc ; vous ne la manquerez pas. Je puis vous le confier : j'ai un rendez-vous avec elle, à sa prière. Son assistante, ou son entremetteuse, sortoit justement quand vous êtes entré. Comptez sur moi ; je serai bien près de Madame Ford entre dix & onze. Le maudit jaloux, son belître de mari, doit être absent. Revenez me trouver ce soir, vous apprendrez comment j'avance les affaires.

FORD.

Quel bonheur pour moi, que votre connoissance, Sir ! Connoissez-vous le mari ?

FALSTAFF.

Bâtonnez ce misérable, ce pauvre sot. Je ne le connois pas : pourtant je lui fais tort en l'appellant pauvre. On assure que le jaloux possède des monceaux d'or ; ce qui donne à sa femme une taille, un visage, un éclat ! Je la destine à me servir de clef pour puiser au coffre du vieux Hébreu. C'est là qu'est ma moisson & ma terre promise.

FORD.

Je voudrois que le mari vous fût connu, pour que vous pussiez au besoin éviter sa rencontre.

FALSTAFF.

Bâtonnez-le, l'automate, le galopin des halles & des foires. Je veux le faire tressaillir, & lui glacer les sens ; je veux le mener en lesse avec ma canne, & la suspendre

suspendre comme un météore entre les cornes de l'animal. Monsieur Broc, vous allez voir. Moi, je gouverne l'étoile du manant, s'il a une étoile; & vous, vous aurez soin de sa femme. —Revenez me trouver sur la brune. Ford est un sot; je prétends charger son épitaphe d'un titre de plus. Vous, Monsieur Broc, vous le connoîtrez pour un capricorne & un sot. Revenez me trouver sur la brune. (*Falstaff sort*).

SCENE XIV.
FORD, *seul*.

Vil Épicurien! scélérat! monstre! mon cœur crève d'impatience. Qu'on vienne me dire encore que cette jalousie est absurde! — Ma femme lui épargne les avances; l'heure est fixée; l'accord est fait. Qui l'auroit pu penser? Voyez, quel enfer c'est d'avoir une femme perfide! Mes coffres seront rançonnés, ma couche sera souillée, mon honneur mutilé, mis en pièces: & pour surcroît d'injure, il faut baisser la tête sous une légende d'abominables noms, dont l'auteur même de l'affront me régale. O noms épouventables! quels titres! quels noms! ceux de Satan (†), de

---

(†) *Amaimon, Barbason;* noms de démons. *Voyez* Reynaud Scott. Il présume que *Amaimon* étoit un Roi d'Orient, & *Barbason* ou *Barbatos*, un Comte fameux. *Steevens.*

Belzébut sont doux ; & ce sont des réprouvés, des démons qui les portent : mais cocu (†), juste Dieu ! cocu complaisant ! Le diable même n'a pas un nom semblable. — Page est un imbécille, un sot débonnaire : il se fie à sa femme, il dédaigne d'être jaloux ! J'aimerois mieux confier mon beurre à un Flamand, mon fromage à un Ministre Gallois, mon flacon d'eau-de-vie à un Irlandois, ma haquenée à un filou pour l'essayer dans la campagne, que ma femme à sa propre garde. Une femme aussi-tôt médite, elle complotte, elle projette, & ce qu'elle couve dans son ame, elle l'exécutera : elle rompra son cœur, s'il le faut; mais elle saura l'exécuter. Le Ciel soit loué de m'avoir créé jaloux ! — Leur rendez-vous est à dix heures. — Je le préviendrai ; je démasquerai ma femme ; je me vengerai de Falstaff, & me rirai de Page. — Partons, arrivons — trois heures trop tôt, plutôt qu'une minute trop tard. — Se voir cocu ! cocu ! oh ! fi, fi. — L'enfer !   (*Il sort*).

(†) Ce mot, qui choque aujourd'hui nos oreilles, sera sans doute toléré dans la traduction d'une Comédie faite il y a deux cents ans, comme on veut bien le pardonner encore à Molière. Le supprimer ou le changer, ce seroit ôter à cette Scène une partie de son comique.

SCENE XV.

LE PARC DE WINDSOR.

Le Docteur CAIUS *paroît armé & en habit de combat. Il s'appuie fiérement sur sa grande épée.* RUGBY *est avec lui.*

CAIUS.

JEAN Rugby !

RUGBY.

Mon maître ?

CAIUS.

Hum, hum. Quelle heure est-il ?

RUGBY, *regardant en haut.*

Oh ! la voilà passée l'heure à laquelle Monsieur Hugues avoit promis de se trouver.

CAIUS.

Morbleu ! il s'est racheté la vie en ne venant pas. Il a bien prié, bien consulté sa bible pour se dispenser de venir sur le pré. Morbleu ! Jean Rugby, il seroit déja mort, s'il eût osé venir.

RUGBY.

Il est prudent, Monsieur ; il sait que vous ne lui feriez point de quartier, s'il venoit.

CAIUS.

Morbleu ! la Momie n'eſt pas plus morte que ſa perſonne, quelque part que je le trouve. Rugby, prenez votre rapière : je vais vous montrer comment je veux le tuer.

RUGBY.

Hélas ! je ne ſais pas tirer des armes, Monſieur.

CAIUS.

Faquin ! prenez votre rapière.

RUGBY.

Reſtez coi : voici compagnie.

SCENE XVI.

L'HOTE, SHALLOW, SLENDER & *Monſieur* PAGE *ſe préſentent.*

L'HOTE.

Vive notre bruyant Docteur !

SHALLOW.

Monſieur le Docteur Caïus, je vous baiſe les mains.

PAGE.

Bonjour, honnête Docteur !

SLENDER.

Regardez : je vous falue auffi, moi.

CAIUS.

A quel deſſein venez-vous tous de compagnie, deux, trois, quatre ?

L'HOTE.

Pour vous voir combattre : vous voir parer, ripoſter, vous voir ici, vous voir là, vous voir pouſſer vos bottes d'eſtoc, de taille, puis votre ſeconde, votre flanconnade. Eſt-il mort, mon Éthiopien, mon François ? Que dit mon Eſculape, mon brave de la vieille (†) roche ? Eſt-il mort, bruyant Alexandre ? Eſt-il mort ?

CAIUS *avec dépit, & ſe promenant fiérement.*

C'eſt un bélitre de prédicant, un lâche. Morbleu ! il craint de montrer ſa tête.

L'HOTE.

Que je meure, mon brave inſpecteur des urines (¶),

___

(†) *Mon cœur de ſureau.*

(¶) *Bully-ſtale*, fanfaron d'urine. Ceux que leur foibleſſe & leur crédulité ont enrôlés dans la liſte des patiens de cet empyrique Allemand, qui s'appelle le Docteur Alexandre Mayersbach, doivent deviner le fondement de cet épithète. *Steevens.*

si vous ne ressemblez pas sous les armes à Cœur-de-lyon (†), ou à Hector de Grèce!

CAIUS, *se promenant toujours.*

Je vous prie tous, rendez témoignage que je l'ai attendu seul, de pié ferme, trois, quatre, cinq heures, & qu'il n'a pas paru.

SHALLOW.

C'est qu'il se montre le plus sage, Messire Docteur. Il a le département des ames, & vous le département des corps : si vous alliez combattre tous deux, vous agiriez contre l'esprit & le fondement de vos professions. N'est-il pas vrai, Monsieur Page?

PAGE.

Vous-même, Monsieur Shallow, vous fûtes un bréteur fameux dans votre temps, quoique vous soyez maintenant une colonne de la paix.

(†) *Cardalian,* corruption de, Cœur-de-lyon. *Jonhson.* D'autres lisent *castillan* ; nom de mépris en Angleterre, sur-tout après l'expédition de l'invincible Armada de Philippe II, détesté pour sa cruauté & son ambition : d'ailleurs les Castillans, comme descendant en grande partie des Juifs & des Mores, étoient méprisés. *Tollet.*

Castilllan, Éthiopien, Catayen ; termes d'insulte.

(¶) *Mon cœur de sureau.* Cet arbre n'a point de cœur ; par opposition à l'expression commune, *cœur de chêne,* pour cœur loyal & honnête. *Steevens.*

SHALLOW.

Vive Dieu, Monsieur Page; tout vieux que je suis aujourd'hui, & Officier de paix, je ne puis voir une épée nue, que les doigts ne me démangent. Je grille de faire deux temps d'assaut. (*Il se met en posture, & pousse quelques bottes*). L'idée du vieux temps chatouille toujours, Monsieur Page. Quoique nous soyons Juges & Docteurs, & Ecclésiastiques, nous avons encore en nous quelque levain de notre jeunesse. Nous sommes les enfans des femmes, Monsieur Page.

PAGE.

C'est une vérité, Monsieur Shallow.

SHALLOW.

L'expérience l'a prouvée, Monsieur Page. Monsieur le Docteur Caïus, je viens pour vous ramener à votre domicile : je suis Juge de paix. Vous venez de vous montrer sage Médecin; & Monsieur Évans s'est montré un sage & paisible Ecclésiastique. Il faut que je vous ramène, & que vous m'accompagniez, Monsieur Caïus.

L'HOTE, *s'avançant gravement*.

Sous le bon plaisir de la Justice..... Un mot d'avis, fier *Mountebank* (†). (*Il prend Caïus à part; les autres prêtent l'oreille*).

___

(†) On a substitué au mot *mockwater* cet équivalent, qui

CAIUS.

Mountebank ! Que veut dire ce terme ?

L'HOTE.

Mountebank, mon paladin, fignifie dans notre Anglois, *valeur, bravoure*.

CAIUS.

Morbleu! je porte plus de *mountebank* dans les veines, que ce druide Anglois. Moi lui couper les oreilles !

L'HOTE.

Il vous fera une querelle diabolique.

CAIUS.

Que murmurez-vous?

L'HOTE.

Qu'il vous fera une réparation canonique.

CAIUS.

Sans doute, j'y réfléchis ; il la fera comme vous le dites : morbleu ! je l'exige.

---

fignifie, *Charlatan*, *empyrique* en Anglois. *Mockwater*, comme qui diroit, intendant des urines. Caïus n'entend point ce mot, & l'Hôte fe moque de lui, en lui donnant le change par une fauffe explication.

L'HOTE.

L'HOTE.

Et je veux l'exciter à la faire, où je le laisse se tirer d'embarras tout seul.

CAIUS.

Je vous remercie.

L'HOTE.

Écoutez encore, mon brave; mais, un moment. —

(*Il laisse là le Docteur, & s'approche des autres*).

Vous, grave convive, & Monsieur Page & vous aussi Cavalier Slender, enfilez tous la grande rue jusqu'à Frogmore.

PAGE.

Sir Hugues y est? Y est-il?

L'HOTE.

Il est là. Voyez de quelle humeur il sera; & moi je viens à travers champs, & vous amène ce Docteur. Est-ce bien raisonner, mes maîtres?

SHALLOW.

Nous le ferons. (*Tous à Caïus*). Adieu, adieu, adieu, grand, vaillant, fameux Docteur.

SCENE XVII.

PAGE, SHALLOW & SLENDER *sortent pour aller trouver le Ministre* ÉVANS *qui est sous les armes du côté opposé, en attendant* CAIUS. L'HOTE, CAIUS & RUGBY, *restent.*

CAIUS

Hum, hum : moi vouloir tuer le Prêtre ; car ce pédant veut me supplanter auprès de Miss Page.

L'HOTE.

Qu'il meure : mais rengaînez d'abord votre impatience. (*Il lui montre la rivière voisine*). Jettez de l'eau froide sur votre colère, & venez à Frogmore par le chemin des champs. Miss Nanny dîne à la Ferme à une fête de Village, & vous lui ferez votre cour sous l'ormeau. Topez à ceci. Dis-je bien ?

CAIUS.

Morbleu ! vous me rendez service : morbleu ! je vous en aime; & morbleu je vous adresserai mes pensionnaires, Ducs, Barons, Chevaliers, Comtes, tous mes patiens. Nous y gagnerons tous deux.

L'HOTE.

Comme de ma part je réponds d'être votre *antagoniste* (†) auprès de Miss Anne. Dis-je bien ?

CAIUS.

C'est bien dit : fort bien.

L'HOTE.

Marchons donc.

CAIUS.

Songez à me suivre de près, Rugby.

(*Ils sortent comme pour aller voir Miss Anne Page dans la Ferme où elle doit dîner*).

(†) L'Hôte affecte toujours d'abuser de l'ignorance du Médecin, qui n'entend pas bien des mots Anglois, & le calme, en le raillant, sans qu'il s'en apperçoive.

ACTE III.

SCENE PREMIERE.

Frogmore, lieu qui touche à Windsor.

ÉVANS *paroît en veste, portant un bâton gallois en baudrier, un poignard au côté, & une épée à la main.* SIMPLE *le suit.*

ÉVANS.

Vous, bon serviteur de Monsieur Slender, & connu personnellement par le nom & surnom de Pierre Simple, répondez-moi, je vous prie. Quelle route avez-vous tenu pour chercher le sieur Caïus, qui se qualifie Docteur en Médecine ?

SIMPLE.

D'abord la route du bois, puis la route du cimetière, ensuite la route du bord de l'eau, enfin la route du gravier, avec la route du vieux Windsor; toutes les routes en vérité, à l'exception du grand chemin.

DE WINDSOR.

ÉVANS.

Je défire avec véhémence que vous jettiez pareillement la vue de ce côté.

SIMPLE.

J'y vais, Monfieur. (*Simple fort*).

É V A N S *feul fe livre à fa frayeur*.

Dieu de mon ame ! à quel point je fuis plein de colère !.. Quel tremblement j'éprouve ! S'il m'a trompé, j'en... j'en aurai de la joie. Que ma mélancolie devient froide ! (*Il tremble*). Si je trouvois un moment opportun, je lui briferois la tête avec fa phiole d'urines. — Que Jéfus garde la mienne !

(*Il chante pour s'étourdir*).

> (1) Au bord des clairs ruiffeaux
> Et des grottes profondes,
> Où les jeunes oifeaux,
> Au murmure des ondes,
> Chantent leurs madrigaux.
> Là nous ferons des lits de rofes :
> Et cent chiffres de fleurs,
> Exhalant leurs douces odeurs,
> Et tout nouvellement éclofes.
>
> Au bord des . . . . . .

Miféricorde ! je me fens une grande envie de crier !

> Où les jeunes oifeaux, —

J'ai des difpofitions prochaines à pleurer, chrétiennement.

Chantent leurs madrigaux. —

Un jour que j'étois affis
Près des murs de Babylone....
Et cent chiffres de fleurs. —

Au bord des . . . . . .

SIMPLE, *accourant*.

Le voici, le voici, Sir Hugues; il vient par ce fentier.

ÉVANS, *plein de trouble*.

Il eft le bien arrivé.

Au bord des clairs ruiffeaux. —

Plaife au Dieu Sabaoth de faire profpérer le bon droit! Quelles armes porte-t-il?

SIMPLE.

Je ne parle pas d'armes, Monfieur. Mon maître & Monfieur Shallow fortent de Frogmore avec un autre Gentilhomme. Les voilà qui paffent la haie, derrière ces chênes, & viennent à nous.

ÉVANS.

Je vous prie, donnez-moi ma foutane; ou plutôt gardez-la entre vos bras.

DE WINDSOR.

SCÈNE II.

Monsieur PAGE, SHALLOW & SLENDER *entrent, & feignent d'être surpris de trouver* ÉVANS *dans ce costume, dont ils prétendent ignorer les raisons.*

SHALLOW.

EH! qui vous savoit ici, cher Ministre? Bien le bonjour, Sir Hugues. Surprenez un joueur sans ses dez, & un Docteur sans ses livres, vous crierez, miracle.

SLENDER, *levant les yeux au ciel* (†).

Oh tendre Anne Page!

PAGE.

Le ciel vous tienne en santé, Sir Hugues!

ÉVANS.

Que Tieu dans sa miséricorde nous donne à tous sa pénédiction!

(†) C'est un geste que l'idiot Slender répète de temps en temps pendant toute cette Scène.

SHALLOW.

Mais qu'eſt-ce que je vois ſous ſon bras ? Quoi ! l'épée & la parole ? Étudiez-vous ces deux arts à la fois, bon Curé ?

PAGE.

Et toujours jeune ; Sir Hugues. Comment, en veſte & en caleçons dans ce jour humide & nébuleux ?

ÉVANS.

Il y a des cauſes & des raiſons pour cela.

PAGE.

Nous ſommes venus vers vous, digne Curé, pour faire une bonne œuvre.

ÉVANS.

Fort bien : quelle bonne œuvre ?

PAGE.

Certain particulier très-grave que nous quittons là-bas, a reçu ſans doute une inſulte de quelqu'un ; du moins eſt-il ſorti des bornes de la modération, & dans un emportement au-delà de ce que vous pouvez croire.

SHALLOW.

J'ai eſſuyé ſeptante hivers & plus ſur cette tête chenue ; mais je n'ai jamais vu un homme de ſon
état,

DE WINDSOR.

état, de sa gravité & de sa science, oublier ainsi tout ce qu'il se doit à lui-même.

ÉVANS.

Quel est-il?

PAGE.

Je crois que vous le connoissez : c'est Monsieur le Docteur Caïus, notre célèbre Médecin François.

ÉVANS.

Carreaux de Dieu ! Par les commotions de mon ame.... j'aimerois mieux que vous me parlassiez de la monture de Balaam (†).

PAGE.

Pourquoi ?

ÉVANS.

Il a moins lu qu'elle Hybocrate ou Galien, & elle avoit plus de pravoure que lui. Je vous le donne pour le poltron le plus fieffé que vous puissiez désirer de connoître.

PAGE.

Vous pouvez m'en croire, Monsieur Shallow : voilà l'homme même qui devoit se battre avec lui.

SLENDER, *levant les yeux au ciel dans une extase niaise.*

Ah ! douce Anne Page !

(†) D'un plat de poreaux.

SCENE III.

CAIUS, L'HOTE & RUGBY *paroissent de loin.*

SHALLOW.

En effet, ses armes l'indiquent. (*Il s'écrie*). Jettez-vous entr'eux deux ; retenez-les tous deux. — Le Docteur Caïus s'approche.

PAGE.

Allons, mon vénérable Pasteur, rengaînez votre coutelas.

SHALLOW.

Et vous le vôtre, Monsieur le Docteur.

L'HOTE.

Désarmons-les, puis laissons-les disputer ensemble. Qu'ils conservent leurs membres sains & entiers, & qu'ils hachent, qu'ils estropient notre pauvre Anglois !

(*Ils laissent aller les combattans en feignant de les retenir & de les désarmer*).

CAIUS, *bas à son ennemi.*

Souffrez, s'il vous plaît, que je confère un moment avec vous. — (*Haut*). Bélitre, pourquoi ne vous trouvez-vous pas sur le pré ?

ÉVANS, *bas.*

Je vous conjure, ufez de commifération. (*Haut*).
Je vous joindrai en temps & lieu.

CAIUS, *haut.*

Vous êtes un poltron, un automate, un vrai jocriffe.

ÉVANS, *bas.*

Je vous fupplie, ne fervons point de pierre de fcandale, ni de jouet à la malice des autres : je défire votre amitié ; d'une manière ou d'une autre, je vous ferai fatisfaction. (*Haut, & montrant fon bâton*). Je vous fendrai le chef avec ma canne, pour vous apprendre à comparoître, quand vous donnez des rendez-vous & des affignations.

CAIUS, *haut.*

Comment? comment? Jean Rugby, mon Hôte de la Jarretière, ne l'ai-je pas attendu pour le tuer ? N'ai-je pas fait fentinelle à la place indiquée?

ÉVANS, *haut.*

Comme j'ai une ame chrétienne, voici inconteftablement la place indiquée. Voyez, j'en prends à ferment mon Hôte de la Jarretière.

L'HOTE.

Allons, la paix tous les deux, Gallois & Gaulois,

Docteur des Gaules & Prêtre de Galles, Médecin de l'ame & Médecin du corps.

CAIUS.

Vraiment, le détour est rare! excellent!

L'HOTE.

Paix, vous dis-je; écoutez votre Hôte de la Jarretière. Suis-je politique? Suis-je subtil? Suis-je un Machiavel? Perdrai-je mon Docteur? Non, il me donne les décoctions & les potions. Perdrai-je mon Curé, mon Ministre, mon Sir Hugues? Non, il me donne les paraboles & les dispenses. (*A Évans*). Vous, prêtez-moi votre main céleste: bon. (*A Caïus*). Et vous, prêtez-moi votre main terrestre: bon. — Enfans de l'art, je vous ai trompés tous deux : je vous ai adressés à deux places différentes. Vos cœurs sont fiers, vos membres sont sains : que la bouteille soit la fin de tout ceci : venez, mettez vos épées en gage: suivez-moi, enfans de la paix ; venez, venez, venez.

SHALLOW.

C'est là ce qui s'appelle un Hôte jovial! Suivons, braves gens, suivons, suivons.

SLENDER, *toujours avec son air extatique & niais*.

O belle Anne Page!

(*Shallow, Slender, Monsieur Page & l'Hôte sortent*).

CAIUS, *rêvant.*

Hum, tiens-je le nœud de l'énigme ? Auroit-il fait de deux Docteurs deux idiots de sa façon ?

ÉVANS.

Tout est bien, parfaitement bien ! Il nous avoit postés comme deux pions du jeu d'échets, qui fut inventé par.... Mais passons. — Je souhaite ardemment que nous devenions amis, & nous creuserons conjointement nos deux cerveaux, pour tirer vengeance de l'Hôtellier de la Jarretière, de cet excommunié, ce mécreant qui vend à fausse mesure.

CAIUS.

De tout mon cœur, morbleu. Il m'a conduit ici sous prétexte d'y voir Mademoiselle Page, & morbleu il m'a trompé.

ÉVANS.

Soit : je veux lui casser la tête. — Rentrons fraternellement, je vous prie.

(*Ils sortent pour aller signer la paix en buvant bouteille*).

SCENE IV.

La grande rue de Windsor, avec une partie de la halle.

Madame PAGE & ROBIN *paroissent en chemin pour aller chez Madame* FORD.

Mad. PAGE.

AVANCEZ, vous, petit fripon : vous aviez le poste de suivant, mais vous voilà devenu guide. Que préférez-vous, d'employer vos yeux devant moi à me montrer le chemin, ou de les tenir attachés sur les talons de votre maître ?

ROBIN.

J'aime mieux, foi de Page, vous servir comme un homme, que de le suivre comme un nain.

Mad. PAGE.

Oh ! vous êtes un jeune flatteur : je le vois, vous ferez un courtisan.

DE WINDSOR.

SCENE V.
Monsieur F O R D *entre.*

FORD.

Heureuse rencontre, Madame Page! Où allez-vous?

Mad. P A G E.

Sans préambule, voisin, chez votre femme. Est-elle au logis?

FORD.

Oui, & si ennuyée, si embarrassée de son existence, qu'elle se pendroit volontiers par le chagrin de se voir seule. — Je pense que si vos maris étoient morts, vous vous marieriez toutes les deux.

Mad. P A G E.

Soyez-en sûr, à deux autres maris.

F O R D, *montrant le Page.*

Où avez-vous fait l'emplette de ce joli Jouvenceau?

Mad. P A G E.

Un Chevalier, un Sir, Sir..... l'a prêté à Monsieur Page. Foin de ma mémoire! j'ai peine à retrouver comment le Chevalier s'appelle. — Jeune enfant, vous nommez votre maître,....

ROBIN.

Sir Jean Falstaff.

FORD.

Sir Jean Falstaff ?

Mad. PAGE.

Lui-même, lui-même; je ne me familiariferai jamais avec fon nom. Mon digne époux & Sir John fe font épris d'une belle amitié. — Ainfi votre femme refte chez elle ?

FORD.

Je vous l'ai dit.

Mad. PAGE.

Excufez : je feche, je languis d'impatience de la voir. (*Madame Page fort, & continue fon chemin avec Robin*).

SCENE VI.

FORD *s'avance fous la halle.*

FORD.

PAGE a-t-il fes yeux & fa tête ? Sent-il ? Penfe-t-il ? Non, tout dort chez lui, tout eft mort. Quoi ! ce jeune galant porteroit une lettre à dix lieues, auffi sûrement que le moufquet décoche une balle à dix toifes.

DE WINDSOR. 113

toiſes. Mon imbécillé voiſin favoriſe lui-même le penchant de ſa femme; il prête à ſes goûts, à ſa folie, des commodités, des moyens. — La voilà maintenant qui s'achemine chez la mienne, & le courier de Falſtaff la ſuit. Oh! j'entends ſiffler le vent qui m'annonce un orage. — Le courier de Falſtaff la ſuit! — O les bons complots! — Tout eſt arrangé: nos moitiés rebelles s'exhortent gaiement à goûter du fruit défendu, & à ſe damner de compagnie. —Va, ſuborneur, je te ſurprendrai! Je donne enſuite la torture à ma femme; je déchire le voile modeſte de l'hypocrite Madame Page; j'affiche Page lui - même pour un Vulcain dupe & content, & tous mes voiſins applaudiront en chœur à cette vengeance. L'horloge me donne le ſignal, & l'aſſurance du fait juſtifie mes perquiſitions, qui me préparent plus de complimens que de railleries. J'ai barre ſur Falſtaff: Falſtaff eſt ſous mon toit, auſſi ſûr qu'il l'eſt, que la terre eſt matière. — J'y vais.

Tome X.   P

SCENE VII.

Monsieur PAGE, SHALLOW, SLENDER, L'HOTE, ÉVANS, CAIUS & RUGBY *entrent.*

SHALLOW.

Monsieur Ford lui-même ! Hé bonjour : nous vous trouvons bien à propos.

FORD.

Fort bien ; bonne compagnie, sur ma foi. J'ai bonne chère au logis ; & je vous prie, venez tous dîner avec moi.

SHALLOW.

Quant à moi, il faut que vous m'en dispensiez, Monsieur Ford.

SLENDER.

Il faut bien que vous m'excusiez aussi. Miss Anne, depuis ce matin, espère dîner avec moi. Je ne la tromperois pas, vraiment, pour deux fois plus d'argent que je n'en sais compter encore.

SHALLOW.

Nous avons un mariage en train entre le neveu Slender & cette agréable personne. Nous avons

DE WINDSOR.

langui (†), nous avons soupiré, & nous recevrons aujourd'hui notre réponse décisive.

SLENDER.

Beau-père Page, je compte avoir votre consentement.

PAGE.

Vous l'avez, Monsieur Slender; je me déclare en votre faveur. — Ma femme, Monsieur le Docteur Caïus, s'intéresse toujours pour vous.

CAIUS.

Oui morbleu; & la jeune fille est éprise de moi : ma gouvernante Quickly me l'assure.

L'HOTE.

Hé! que deviendra le jeune élégant Fenton, lui qui danse, qui pirouette, qui a les yeux fripons de la jeunesse, qui fait des vers, qui parle en beau style (¶), & qui sent les parfums comme un soir du mois de

---

(†) Ils n'avoient pas langui long-temps, puisque la proposition de ce mariage avoit été faite la veille par Sir Hugues : mais Shallow le dit, afin de mieux s'excuser, lui & Slender, de ce qu'ils n'acceptent pas l'invitation de Ford dans un jour où il s'agit de conclure cette alliance. *Steevens.*

(¶) *Il parle en style de jour de fête;* expression tirée de l'ancienne coutume de représenter les jours de fêtes les farces à mystères ou des moralités, qui étoient écrites en style ampoulé. *Warburton.*

Mai? Allez, c'est lui qui l'aura; ses boutons ont fleuri (†). C'est lui qui l'aura.

PAGE.

Jamais de mon aveu, je vous le promets. Ce jeune homme n'a rien : il est de la société du Prince de Galles & de Poins : il est d'une sphère trop élevée, il en sait trop. Non, il ne remplira jamais les vuides de sa fortune avec les revenus de ma Seigneurie. Si ma fille se donne, qu'il la prenne toute nue. Le bien que j'ai, tient à mon consentement, & mon consentement n'est point pour Monsieur Fenton.

FORD.

Que du moins quelques-uns de vous acceptent la partie. Venez au logis, de grace. Sans compter la bonne chère, vous vous amuserez. Je veux vous faire voir un monstre : vous serez des nôtres, Monsieur Page; vous en serez, cher Docteur; & vous aussi, Ministre Évans.

(†) *Ses boutons ont fleuri*; allusion à une ancienne coutume des jeunes paysans, qui pour deviner leurs succès auprès de leurs maîtresses, portoient dans leur poche une plante nommée, *boutons de bachelier*, de l'espèce des lychnis, & dont la fleur ressemble à un bouton d'habit. Ils jugeoient de leur bon ou mauvais succès, selon que ces boutons s'épanouissoient ou ne s'épanouissoient pas. *Smith.*

SHALLOW.

Adieu donc; bien du plaisir. — Nous en ferons l'amour plus à notre aise chez Madame Page.

CAIUS.

Jean Rugby, retournez m'attendre au logis; je vous rejoindrai bientôt.

L'HOTE.

Adieu, mes cœurs; je vais trouver mon preux Chevalier Falstaff. Il s'agit de sabler avec lui d'un nouveau vin de Canarie.

FORD, *bas*.

Je lui prépare avant une boisson propre à la danse : je lui ferai danser une Canarie (†). — Venez-vous, mes amis ?

ÉVANS.

De bon cœur; allons voir ce monstre.

(*Ils sortent*).

(†) *Canarie ;* nom d'un vin & d'une danse. *Tyrwhitt.*

SCENE VIII.

La maison de Ford.

Madame FORD *& Madame* PAGE *paroissent ensemble ; des Domestiques portent un grand pannier couvert.*

Mad. FORD.

Avancez, Jean; & vous, Robert.

Mad. PAGE.

Vîte, vîte, le grand pannier. —

Mad. FORD.

Le voilà. — (*Appellant*). Robin ! — Il tarde trop; je m'impatiente.

Mad. PAGE.

Passez ici, vous autres, dans ce coin.

Mad. FORD.

Posez-donc le pannier.

Mad. PAGE.

Donnez vos ordres à vos gens : le temps nous presse.

Mad. FORD.

Rappellez-vous bien ce que je vous ai prescrit,

Jean, & vous, Robert. Tenez-vous prêts dans la brasserie voisine ; & dès que je vous donnerai le signal, paroissez : vous chargerez sans hésiter, sans délai, ce pannier sur vos épaules : portez-le toujours courans vers l'abreuvoir (2) où l'on blanchit le linge de ménage, & vuidez-le dans le fossé près du bord de la Tamise.

Mad. PAGE.

Vous exécuterez ceci de point en point ?

Mad. FORD.

Je le leur ai dit & redit ; ils savent toute leur leçon par cœur. — Sortez, pour revenir dès que vous m'entendrez vous appeler.

(*Les domestiques sortent*).

SCENE IX.

Madame PAGE.

AH ! j'apperçois le petit Robin. (*Robin entre*).

Mad. FORD.

Hé bien ! mon petit espion (3), quelles nouvelles en poche ?

ROBIN.

Sir Jean, mon maître, est à la porte de derrière. Madame Ford, il désire votre compagnie.

Mad. PAGE.

Regardez-moi, petit patelin : nous avez-vous été fidèle ?

ROBIN.

Oui, je le jure : mon maître ignore que vous soyez ici. Il m'a menacé même d'une éternelle liberté, si je vous contois les nouvelles ; car, m'a-t-il dit, il me chasseroit pour toujours.

Mad. PAGE.

Vous êtes un joli enfant. Votre discrétion vous habillera : vous aurez un habit neuf ; mais je vais me cacher.

Mad. FORD.

Partez. — Toi, cours à ton maître : dis-lui que je suis seule. Chère Page, souvenez-vous de votre rôle.
(*Robin sort*).

Mad. PAGE.

Je vous le promets. Si j'y manque, sifflez-moi.
(*Madame Page sort pour se cacher*).

Mad. FORD.

Allez, allez. — Nous allons donc berner ce vieux pécheur corrompu, & rafraîchir cette grosse éponge. — Il faut lui apprendre à distinguer les tourterelles des pies effrontées.

SCENE X,

SCENE X.

FALSTAFF entre.

FALSTAFF *tendant les bras.*

AH! eſt-ce vous que j'embraſſe, mon bijou, mon ange : je mourrois maintenant ſans regret. N'ai-je pas aſſez vécu ? C'eſt ici le terme de mon ambition. O bienheureux quart-d'heure !

Mad. FORD.

O Chevalier trop cher !

FALSTAFF.

Madame Ford, je ne ſais point coqueter ni flatter. O Madame Ford! je vais pécher par un ſouhait qui m'échappe : plût à Dieu que votre mari fût en terre ! Je vous prendrois d'une main en face du plus vain des Lords, & vous créérois Mylady.

Mad. FORD.

Moi votre Lady, Sir Jean! Hélas! je ne ſerois jamais qu'une pauvre Lady bourgeoiſe.

FALSTAFF.

Que la Cour de France m'en préſente une égale à vous. Je vois le bel œil qui fait éclipſer le luſtre du diamant : vous avez deux sourcils arqués comme la lune naissante ; un front, ah ! qui soutiendroit la coëffure en portrait, la coëffure à queue, la coëffure à voiles : oui, toute espèce de coëffure en point de Venise.

Mad. FORD.

Un bonnet simple, Sir Jean : mon front ne soutient qu'un bonnet, & le soutient assez mal encore.

FALSTAFF.

Vous êtes traitresse à vous-même, quand vous parlez ainsi. Voulez-vous faire de moi un courtisan complet ? Comme le pié que vous cachez termineroit avec grace cette suite de formes élégantes, s'il étoit emboité dans une mule circulaire ! Je vois trop ce que vous êtes, ce que vous seriez sans la fortune, votre ennemie. La belle nature est votre amie ; allons, vous ne pouvez le cacher.

Mad. FORD.

Croyez-moi, je ne me connois point tous ces charmes.

FALSTAFF.

Hé qui donc me fait vous aimer? C'en est assez pour vous convaincre que vous avez en vous quelque chose d'extraordinaire. Allons, je ne puis flatter ni dire que vous êtes ceci, que vous êtes cela : je ne puis ressembler à ces papillons en coque, ces mignons à l'eau rose qui font (†) des collections de phrases comme les Herboristes cueillent des simples dans la saison ; ces femmelettes déguisées en hommes : non, ce n'est point là le genre du Chevalier Falstaff : mais je vous aime, je n'aime que vous, & vous le méritez.

Mad. FORD.

Ah! ne me trahissez pas, Sir Jean! Je crains que vous n'aimiez Madame Page.

FALSTAFF.

Vous pourriez tout aussi bien dire, que j'aime à me promener devant la porte d'un créancier, qui m'est plus odieuse que la gueule d'un four à chaux.

Mad. FORD.

En ce cas, le ciel connoît l'amour que j'ai pour vous ; & vous l'éprouverez un jour.

FALSTAFF.

Persévérez dans ces bons sentimens, je le mérite.

Mad. FORD.

Et moi, je dois vous dire, méritez-le toujours, ou je ne persévérerois pas toujours dans ces sentimens.

(*Robin se fait entendre du dedans*).

___

(†) Qui sentent comme Bucklers-bury ; c'étoit un quartier où habitoient beaucoup d'Herboristes & de Droguistes. *Steevens.*

Q ij

ROBIN, *appellant.*

Madame Ford! Madame Ford! — On frappe à la porte : c'est Madame Page, toute rouge, toute essoufflée, roulant des yeux hagards : elle veut vous parler à l'instant.

FALSTAFF.

Diable, il ne faut pas qu'elle me voie : je vais me cacher derrière la tapisserie.

Mad. FORD.

Oui, de grace : cette femme est la médisance même. (*Falstaff s'enfonce sous la tapisserie*).

SCENE XI.

Madame PAGE *entre en courant.*

Mad. FORD *poursuit.*

Eh bien, de quoi s'agit-il ?

Mad. PAGE.

O Madame Ford, qu'avez-vous fait ? Vous êtes déshonorée, vous êtes perdue, perdue pour jamais !

Mad. FORD.

De quoi s'agit-il, chère voisine Page ?

Mad. P A G E.

O fatale imprudence, Madame Ford!... ayant un mari si honnête homme, lui donner un pareil sujet de soupçon!—

Mad. F O R D.

Quel sujet de soupçon ?

Mad. P A G E.

Quel sujet de soupçon! — Rougissez. — Que vous m'avez trompée !

Mad. F O R D.

Comment ? Hélas ! encore une fois, de quoi s'agit-il ?

Mad. P A G E.

Votre époux va paroître avec toute la Justice de Windsor : il vient, dit-il, à la piste d'un amant qui met à profit son absence, d'un misérable que vous tenez maintenant caché dans la maison. Vous êtes perdue, perdue !

Mad. F O R D.

(*A part*). Parlez plus haut. — J'espère que l'histoire n'est pas vraie.

Mad. P A G E.

Plaise au ciel qu'il ne soit pas vrai que vous ayez un homme ici! Du moins est-il certain que votre époux arrive avec la moitié de la Ville pour y chercher ce galant. J'accourois vous en avertir : si vous vous sentez innocente, oh! j'en suis charmée. Mais si vous avez en effet un doux ami dans ce lieu, procurez, procurez sa fuite au plutôt. —Vous pâlissez : ne restez point interdite ; rappellez vos sens, défendez votre réputation, ou dites adieu pour la vie à la bonne renommée.

Mad. F O R D.

Que ferai-je? Ma chère amie, j'avoue qu'un Gentilhomme que j'aime est ici dans la maison, & je crains bien moins ma propre honte que le danger qui le menace. Je sacrifierois ma vie pour le sauver.

Mad. P A G E.

Au nom de la honte, laissez-là vos phrases oiseuses, je *sacrifie*, & je *sacrifierois*, quand voilà votre époux qui frappe. — Songez donc à quelque moyen de le faire évader. —Je ne trouve ni caveau ni trappe pour cacher votre favori. — A quel point vous m'avez déçue! — Mais j'apperçois un pannier. — Il pourroit s'y loger, à moins qu'il ne soit d'une taille surnaturelle. Nous l'ensevelirons dans ce linge, comme un paquet, & envoyez-le par vos gens aux blanchisseuses de la Ville.

Mad. F O R D.

Hélas! il est trop gros : jamais il n'y tiendra. Que deviendrai-je?

DE WINDSOR.

(*Falstaff accourt tout éperdu*).

FALSTAFF.

Laiſſez-moi le voir, laiſſez-moi eſſayer : oh! laiſſez-moi voir. — (*Il conſidère le pannier*). Oui, j'y tiendrai. — Suivez le conſeil de votre amie. — J'y tiendrai.

Mad. PAGE.

Eh quoi? Sir Jean Falſtaff! Chevalier, eſt-ce là votre lettre?

FALSTAFF.

Je vous aime tendrement. — Pour Dieu, ſecourez-moi. — Je puis me raccourcir. (*Il eſſaie d'y entrer*). Jamais de ma vie.... Non, jamais. (*Il ſe raccourcit & s'entaſſe dans le pannier qu'on acheve de couvrir de linge*).

Mad. PAGE, *appellant*.

Robin, aidez-nous à bien couvrir votre maître. (*Robin entre*). Appellez vos valets, Madame Ford. — Ah! perfide Chevalier!

Mad. FORD, *touſſant*.

Jacques, Robert, venez vîte. (*Les deux domeſtiques entrent*). Jacques, enlevez ce mannequin: paſſez une perche dans l'anſe. — Comme vous chancelez! Prenez garde. Il faut le porter à l'abreuvoir de Datchet : vîte, on l'attend. (*Ils ſoulèvent le pannier avec effort*).

SCENE XII.

Les mêmes. Monsieur FORD, *Monsieur* PAGE, CAIUS & ÉVANS *entrent.*

FORD, *aux autres.*

Faites cercle de grace. Si j'ai soupçonné sans cause, vous aurez droit de me bafouer : que vos railleries amères pleuvent sur moi; je les mérite. (*Aux valets*). Arrêtez. Où portez-vous ceci?

ROBERT.

Vraiment, à la rivière.

Mad. FORD.

Eh ! qu'avez-vous besoin de savoir où ils le portent? Sont-ce là vos affaires? Il vaudroit bien mieux que vous vinssiez vous mêler de la lessive.

FORD.

A blanchir? S'il étoit au pouvoir de l'eau qui lave mon linge, de laver aussi les taches de mon honneur! Oui, oui, les maudites taches ! Vous en allez voir une bien honteuse, je vous le cautionne. (*Les valets sortent emportant le pannier*). Messieurs, j'ai rêvé cette nuit; je vous dirai mon rêve. Commençons par chercher mes clefs; les voilà. Montez, parcourez,

visitez

DE WINDSOR.

visitez mes chambres, furetez par-tout; notre renard est pris, j'en suis garant : laissez-moi fermer d'abord cette issue, & maintenant battez le buisson.

PAGE.

Cher Monsieur Ford, épargnez-vous l'éclat ; c'est trop vous faire injure à vous-même.

FORD.

Soit, Monsieur Page, soit. Montons, M'essieurs; vous aurez bientôt une scène comique. Suivez-moi, vous dis-je.

ÉVANS.

Ce sont là des visions, des vapeurs de jalousie.

CAIUS.

Morbleu! ce mal est hors de mode en France : on ne voit point de jaloux en France.

PAGE.

Suivons-le, puisqu'il le veut : voyons le fruit de ses recherches.
(Tous les hommes sortent).

SCENE XIII.

Madame PAGE & *Madame* FORD
demeurent.

Mad. PAGE.

L'aventure n'est-elle pas doublement réjouissante ?

Mad. FORD, *riant.*

J'ignore ce qui me plaît le mieux de l'erreur de mon mari, ou du tour joué à Sir Jean.

Mad. PAGE, *riant.*

Dans quelles transes il devoit être, quand Monsieur Ford a demandé : « Que contient ce pannier » ?

Mad. FORD.

Ah ! dans des transes mortelles. Je crois que nous lui avons rendu service en l'envoyant au bain.

Mad. PAGE.

Point de quartier pour cet insolent. Que ne puis-je voir dans la même angoisse chaque scélérat de même étoffe !

Mad. FORD.

Je crois pourtant que mon mari avoit en effet quelque soupçon violent du Chevalier renfermé. Je ne lui vis jamais un accès de jalousie si marqué.

Mad. P A G E.

J'imagine un moyen d'en savoir la vérité, & de rire encore plus aux dépens de Falstaff. Son mal opiniâtre aura besoin d'une médecine plus forte.

Mad. F O R D.

Lui députerons-nous Dame Quickly au ton benin, avec un paquet d'excuses sur ce bain matinal? Un peu d'espérance nouvelle lui rendra toute son ardeur pour subir une nouvelle correction.

Mad. P A G E.

C'est bien pensé. Envoyons-la demain à huit heures lui porter nos excuses.

SCENE XIV.

Monsieur F O R D, *Monsieur* P A G E *& les autres reparoissent à quelque distance.*

F O R D.

IL est introuvable. — Peut-être le fat s'est-il vanté de choses qui passoient son pouvoir.

Mad. P A G E, *à son amie.*

Entendez-vous ?

Mad. F O R D.

Oui, oui, paix. (*A son mari*). Vous en ufez bien avec moi, Monfieur Ford; fort bien. —

F O R D, *brufquement.*

Oui, oui, Madame.

Mad. F O R D.

Que le ciel rende vos actions plus juftes que vos penfées !

F O R D.

A la bonne heure.

Mad. P A G E.

Monfieur Ford, vous vous donnez un grand ridicule.

F O R D, *brufquement, & honteux.*

C'eft bon, c'eft bon, Madame... je le fupporte.

É V A N S.

Si l'on trouve un chrétien dans l'édifice ou dans les chambres, dans les coffres & dans les armoires, que le ciel me pardonne au jour du grand jugement !

CAIUS.

Hum, j'en dis de même : il n'y a pas une ame ici.

PAGE.

Eh! fi, Monsieur Ford, ne rougissez-vous pas ? Quel démon vous suggére ces chimères insensées ? Je ne voudrois pas pour tout Windsor & son Château, avoir un grain du travers que vous avez.

FORD.

C'est ma faute, Monsieur Page ; j'en subis la peine.

ÉVANS.

Vous éprouvez la syndérese d'une mauvaise conscience. Votre compagne est une chaste épouse, telle que je désirerois trouver la pareille entre mille ; & cinq cents de plus.

CAIUS.

Par tous les symptômes, je vois qu'elle est très-honnête femme.

FORD.

A la bonne heure. Enfin, Messieurs, ceci du moins ne change rien à notre partie. Venez en attendant vous promener dans le parc, & daignez me pardonner. Vous connoîtrez un jour ce qui m'a engagé dans de pareilles démarches. — Allons, ma femme. — Allons, Madame Page, obtenez-moi ma grace.—Je vous en conjure, accordez-moi mon pardon.

PAGE.

Allons, amis, entrons. (*A part*, *à Madame Ford*). Nous saurons tancer le jaloux. (*Haut*). Et moi, je vous invite à venir déjeûner chez moi, & après à la chasse à l'oiseau. J'ai un faucon admirable pour le bois. Amis, est-ce chose dite?

FORD.

Je suis à vous.

ÉVANS.

S'il y en a un, je serai le second.

CAIUS.

Morbleu! s'il y en a un ou deux, je veux être le troisième.

FORD.

Monsieur Page, venez, je vous en prie.

(*Ils sortent. Évans & Caïus demeurent seuls*).

ÉVANS.

Présentement je vous exhorte à rappeller demain en votre mémoire ce méchant Hôtellier qui nous a joués.

CAIUS.

C'est bien dit, vraiment; de bon cœur.

ÉVANS.

Voilà un plaifant Tabarin pour effayer fur nous fes farces & fes tours !

(*Ils fortent*).

SCENE XV.

La maison de Page.

FENTON & *Miss* ANNE PAGE *paroissent ensemble*.

FENTON.

JE vois trop que je ne pourrai jamais gagner l'amitié de votre père. Douce Nancy, ceffez donc de me renvoyer à lui.

Miss ANNE.

Hélas! comment donc faire?

FENTON.

Ofez être vous-même, lorfqu'il le faut. Il m'objecte ma trop grande naiffance; il dit que mon amour n'eft qu'un plan raifonné; que j'adreffe mes vœux à fa bourfe, pour réparer ma fortune ruinée par mes dépenfes; il va chercher par-tout des armes contre moi; il me reproche d'anciennes erreurs, mon goût pour les sociétés libres. Le cruel! il m'accuse de n'aimer en vous qu'une riche héritière (†).

Miss ANNE.

Peut-être qu'il dit vrai.

FENTON.

Non ; j'en jure devant le ciel sur tout mon bonheur à venir. Il est vrai, je l'avouerai, que la richesse de votre père fut le premier motif qui m'attira auprès de vous : mais en vous faisant ma cour, je vous trouvai d'un bien plus grand prix que les lingots d'or, ou les sommes pressées dans des sacs. (*Il lui prend la main*). C'est le trésor de votre personne, que je recherche, que j'aime seul aujourd'hui.

Miss ANNE.

Honnête Monsieur Fenton, je vous crois sincère. Ne vous lassez pas pourtant de rechercher la bienveillance de mon père : Monsieur Fenton, recherchez-la toujours. Si la soumission & les plus humbles prières ne peuvent rien, alors... peut-être... alors.... N'entendez-vous pas venir quelqu'un ? (*Fenton & Miss Anne se retirent à quelque distance*).

(†) Fenton, dans les objections du père de Miss Anne, peint bien ici les dissipateurs de qualité, qui vont dans la Capitale chercher des épouses qui réparent les ruines de leur fortune, en acceptant les restes de leur jeunesse. *Mistriss. Griffith.*

SCENE XVI.

SCENE XVI.

SHALLOW, SLENDER & QUICKLY
entrent.

SHALLOW.

Dame Quickly, rompez leur colloque : mon neveu parlera pour lui-même.

SLENDER.

Allons, je veux tirer ici deux ou trois coups d'arbalête (†). Allons, à l'aventure.

SHALLOW.

Ne soyez pas épouvanté, neveu.

SLENDER.

Oh! elle ne m'épouvantera pas; je ne la crains pas. Tout ce qui m'afflige, c'est que je tremble.

QUICKLY, *de loin à Miss Anne.*

Écoutez, Miss Anne, voilà le jeune Monsieur Slender qui voudroit vous dire deux mots.

(†) Allusion au proverbe. *Le trait d'un fou est bientôt lancé : un fol a bientôt dit sa pensée.* Gray.

Miss ANNE.

J'y vais, ma bonne. (*A Fenton, & montrant Slender*). C'est là le choix de mon père ! Quelle foule de disgraces & de défauts sont cachés, même embellis par trois cents guinées de rente ! (*Ils se rapprochent tous deux*).

QUICKLY.

Et comment se porte le beau Monsieur Fenton ? Jésus ! pourrai-je vous glisser une parole à l'oreille ?
(*Elle écarte Fenton*).

SHALLOW.

Elle vient. Ferme, neveu ! Allez au-devant d'elle. O jeune homme, vous aviez un père....

SLENDER.

J'avois un père, Miss Anne. Mon oncle peut vous dire de bons tours de lui. — Mon cher oncle, je vous conjure, racontez à Miss Anne l'histoire des trois oies que mon père tua d'un seul coup.

SHALLOW.

Belle Miss, mon neveu vous aime.

SLENDER.

Oh ! oui je vous aime, autant qu'aucune femme de tout le Comté de Glocester.

SHALLOW.

Il ne vous refuſera rien de la parure qui convient à une fille de votre rang.

SLENDER.

Oh! non. Vienne tout autre qu'un Écuyer à courte ou longue robe me diſputer la magnificence....

SHALLOW.

Il vous donnera cent livres ſterling de douaire dans le contrat.

Miſſ ANNE.

Bon Monſieur Shallow, laiſſez-le me parler lui-même.

SHALLOW.

Ah! très-volontiers. Je vous remercie de cette réponſe; je vous en remercie. Bonne eſpérance, neveu! Elle vous appelle : je vais vous laiſſer.

Miſſ ANNE.

Eh bien, Monſieur Slender?

SLENDER.

Eh bien, Miſſ Anne?

Miſſ ANNE.

Expliquez votre volonté (†).

(†) Équivoque ſur *will*, qui ſignifie *volonté* & *teſtament*.

SLENDER.

Ma volonté ! Ah ! Miss, la plaisanterie est bonne ! Grace au ciel, je ne l'ai jamais faite encore, ma volonté : ou si vous parlez de ma dernière volonté, je ne me sens pas encore assez malade, grace au ciel.

Miss ANNE.

Je demande seulement ce que vous me voulez.

SLENDER.

Quant à moi en mon particulier, je ne vous veux rien, ou peu de chose. Votre père & mon oncle ont concerté quelque chose ensemble : si cela réussit, j'y consens ; sinon, je m'en console. Ils peuvent vous dire mieux que moi, comment les choses vont. Tenez, demandez à votre père ; le voilà qui vient. (*Il s'éloigne en s'essuyant le front qui est rouge & moite de sueur*).

SCENE XVII.

Monsieur & Madame PAGE *entrent*.

PAGE.

Hé bien, cher Slender ? Ma fille, apprenez à l'aimer. — Que vois-je ? Que fait ici ce M. Fenton ? — Vous m'offensez, Monsieur, d'obséder ainsi ma maison. Je vous ai dit, ce me semble, que j'avois disposé de ma fille.

FENTON.

Calmez-vous, Monsieur.

Mad. PAGE.

Monsieur Fenton, cessez d'importuner ma Nancy.

PAGE.

Ma fille n'est point pour vous.

FENTON.

Daignerez-vous m'entendre?

PAGE.

Non, Monsieur Fenton. — Entrons ; Monsieur Shallow : mon fils Slender, passez dans ma chambre. — Instruit comme vous l'êtes de mes vues, vous me manquez, Monsieur Fenton. (*Monsieur Page entre dans la maison avec Shallow & Slender*).

SCENE XVIII.

Madame PAGE, *Miss* ANNE, FENTON, QUICKLY.

QUICKLY, à *Fenton*.

Adressez-vous à Madame Page.

FENTON.

Digne Madame Page, l'amour tendre que j'ai pour votre fille, dans les vues honnêtes que je me propose, m'apprend à dévorer les procédés, les dédains, les duretés que je reçois. Je persévère & ne me retire point. Daignez m'appuyer de votre secours !

Miss ANNE.

Ma tendre maman, ne me mariez pas à cet idiot qui sort.

Mad. PAGE.

Ce n'est pas mon intention : je vous cherche un meilleur époux.

QUICKLY.

Oui-dà vraiment, c'est le Docteur François, mon maître.

Miss ANNE.

Hélas! j'aimerois mieux descendre vivante dans ma tombe (†) (4).

QUICKLY.

A condition d'en tenir un petit coin ouvert pour lorgner encore ce bas monde.

Mad. PAGE.

Monsieur Fenton, vous me connoissez franche. Écoutez; je ne suis ni votre amie ni votre adversaire. J'interrogerai les sentimens de ma fille, & son inclination n'influera pas peu sur mon choix. Jusques là, adieu, Monsieur : il faut que Nancy rentre; son père s'offenseroit de la voir s'arrêter. (*Madame Page & Miss Anne entrent dans la maison*).

SCENE XIX.
FENTON, QUICKLY.

QUICKLY.

C'est mon affaire maintenant. — Comment, lui dirai-je, voulez-vous vendre votre fille à un Médecin ou à un sot ? Avez-vous bien regardé le gentil Monsieur Fenton ? Non. Regardez-le donc. — C'est mon affaire.

(†) *Et être jouée à la boule, jusqu'à la mort, avec des navets;* proverbe des Provinces du Midi. *Collins.*

FENTON.

Vous m'obligerez ; & je vous prie, ce soir, dans quelque momens, donnez cette bague à ma chère Miss Anne. (*Il lui donne de l'argent*). Et voilà pour reconnoître vos peines.

(*Fenton sort*).

SCENE XX.

QUICKLY, *seule*.

VA, que le ciel t'envoie le bonheur ! Quel bon cœur il a ! Une femme passeroit à travers l'eau & le feu pour servir un si bon cœur. Mais pourtant je voudrois que mon maître obtînt Miss Anne ; ou je voudrois que Monsieur Slender l'obtînt ; ou en vérité je voudrois que ce fût Monsieur Fenton. Je ferai mon possible pour tous les trois, car je l'ai promis : je veux tenir ma parole ; mais sur-tout agissons chaudement en faveur de Monsieur Fenton. — Bon, bon, quelle idiote je suis ! Nos Dames m'ont donné une autre commission pour le Chevalier Sir Jean Falstaff : quelle sottise à moi de m'amuser ici !

(*Elle sort*).

SCENE XXI.

SCENE XXI.

L'Hôtellerie de la Jarretière.

FALSTAFF *paroît*.

FALSTAFF, *frappant du pié.*

Bardolph! hola, Bardolph!

BARDOLPH, *entrant.*

Le voilà, Chevalier.

FALSTAFF.

Va me chercher une pinte de Canarie, avec une rôtie dedans. (*Bardolph fort*). Ai-je vécu si long-temps, pour être porté sur la civière comme une pyramide de chairs de rebut, & me voir jetté dans la Tamise? Va, si jamais je m'expose à pareil tour, je veux bien être trépané, & léguer ma cervelle au premier rat pour ses étrennes. Les coquins m'ont renversé dans le canal avec aussi peu de remords, que s'ils eussent noyé les aveugles petits d'un dogue de basse-cour, quinze à la fois : & on peut juger à ma taille, que je plonge avec quelque vélocité. Le fond touchât-il aux enfers, je l'atteindrois en un clin-d'œil. Heureusement que la rivière se trouvoit basse & claire en cet endroit. J'aurois été noyé : une mort que j'abhorre!

Tome X.   T

car l'eau fait enfler un homme : & voyez ce que ce feroit de moi, fi ma perfonne alloit enfler encore! Je deviendrois une montagne anatomique. (*Bardolph entre avec la bouteille*). Le vin eft-il tiede, fommélier ?

BARDOLPH.

Écumant. Il y a là-bas une femme qui veut abfolument vous parler.

FALSTAFF.

Avalons d'abord ceci ; verfons un peu de vin chaud fur l'eau de la Tamife. Mon eftomac eft auffi glacé, que fi j'avois avalé des pelottes de neige en guife de pillules, pour me rafraîchir le fang. (*Il avale la bouteille d'un trait*). Appelle la Dame.

BARDOLPH.

Femme, montez.

SCENE XXII.

QUICKLY *entre*.
QUICKLY.

Avec votre permiffion. — Je vous crie grace & miféricorde. Je donne le bonjour à votre Seigneurie.

DE WINDSOR.

FALSTAFF.

Sommélier, ôte-moi ce calice : fais dégourdir encore pareille mesure du même vin.

BARDOLPH.

Avec des œufs, Sir?

FALSTAFF.

Non, simple, naturel. Je ne veux point de germe de poulet dans mon breuvage. — (*Bardolph sort*). Eh bien?

QUICKLY.

Sous votre bon plaisir, je viens chez votre Seigneurie de la part de Madame Ford.

FALSTAFF.

Madame Ford! J'en ai assez de *ford* (†), parbleu! j'en ai pour la vie; j'en ai le ventre plein.

QUICKLY.

Hélas! quel jour malencontreux! La pauvre femme, ce n'est pas sa faute : elle en a fait des reproches à ses gens : ils se sont mépris sur ses ordres. (*S'essuyant les yeux*).

FALSTAFF.

Moi aussi, je me suis grossiérement mépris, quand je me suis fié à la folle promesse d'une femme.

(†) Ford, signifie *rivière*; d'où le jeu de mots de Falstaff.

QUICKLY.

Ah! Sir : elle en est désolée. Si vous pouviez la voir, elle vous feroit saigner le cœur. — Son Argus va chasser ce matin à l'oiseau : elle vous conjure de venir une seconde fois chez elle entre huit & neuf : elle m'a chargé de vous le faire savoir promptement : elle vous dédommagera de votre aventure, je vous le cautionne.

FALSTAFF.

Eh bien, je consens à l'aller visiter. Dites-lui de réfléchir sur ce que vaut un homme. Qu'elle considère sa propre fragilité, & qu'elle apprécie mon mérite.

QUICKLY.

Je l'y ferai songer.

FALSTAFF.

Ne l'oubliez pas. Entre huit & neuf, dites-vous ?

QUICKLY.

Huit & neuf, Sir.

FALSTAFF.

Bon, retournez. Elle peut compter sur moi.

QUICKLY.

Que la paix habite avec vous, Sir! (*Quickly sort*).

FALSTAFF.

Je m'étonne de ne point voir paroître Monsieur Broc : il m'avoit recommandé de l'attendre chez moi ; j'ai beaucoup d'amitié pour ses pistoles. Ah ! le voici qui entre.

SCENE XXIII.
Monsieur FORD *entre.*

FORD.

Chevalier, je vous salue.

FALSTAFF.

Ah ! vous voilà, Monsieur Broc : vous venez sans doute pour savoir ce qui s'est passé entre Madame Ford & moi ?

FORD.

C'est en effet l'objet qui m'amène, Sir Jean.

FALSTAFF.

Monsieur Broc, ce n'est pas à vous que je déguiserai la vérité. Je me rendis chez elle à l'heure marquée.

FORD

Oui, Sir : & vous avez réussi ?

FALSTAFF.

Fort malheureusement, Monsieur Broc.

FORD.

Comment donc ? Auroit-elle changé de sentiment?

FALSTAFF.

Elle ? Non, Monsieur Broc; mais ce lièvre que la jalousie tient éveillé & dans de continuelles alarmes, le *Signor cornuto*, Monsieur Broc, fond sur nous au moment de l'entrevue. A peine s'étoit-on reconnu, approché, embrassé. Nous abrégions le prologue de notre comédie ; la scène alloit s'ouvrir : survient une escouade de satellites, ameutée par son mal importun; & ma foi tous accouroient pour faire dans la maison perquisition de l'amant de sa femme.

FORD.

Quoi! tandis que vous étiez là ?

FALSTAFF.

Tandis que j'étois là.

FORD.

Et Ford vous a-t-il cherché sans pouvoir vous trouver ?

FALSTAFF.

Vous l'apprendrez. Par une bonne fortune arrive à

point nommé une Madame Page : celle-ci nous donne avis de l'approche de Ford ; & moi entre ces deux femmes.... par le conseil de l'une, tandis que l'autre étoit dans le trouble... elles me firent entrer au fonds d'un monstrueux pannier.

FORD.

D'un pannier ?...

FALSTAFF.

D'un pannier à linge, cher Monsieur Broc. Après avoir été foulé sous un fatras de langes, de tabliers, de cornettes & de..... &c. Ah! fi.... n'en parlons plus: jamais odeur plus infecte.....

FORD.

Mais restâtes-vous long-temps dans cette situation ?

FALSTAFF.

Vous allez entendre, M. Broc, tout ce que j'ai souffert pour mettre cette femme à mal en votre considération. Étant ainsi cantonné dans le pannier, n'entendis-je pas deux grands coquins de valets de ménage entrer à la voix de leur maîtresse, & recevoir l'ordre de me porter à l'abreuvoir sous le nom de hardes immondes? Ils me prirent au croc, & me voilà parti. Mais je n'avois pas encore doublé le seuil de la porte, que le jaloux Cerbère nous heurte en face, & demande par deux fois : « Qu'avez-vous-là dans votre pannier »?

Je friſſonnois de peur que cet enragé de lunatique n'ordonnât la viſite du pannier. Pourtant le deſtin qui a décrété qu'il ſeroit cocu, retint ſa main : il entra dans la maiſon pour commencer ſa recherche, & moi je ſortis paquet de linge. Mais obſervez la ſuite, Monſieur Broc : je ſouffris les angoiſſes de trois morts différentes; d'abord la frayeur inconcevable de me voir découvert par notre bélier à deux jambes ; enſuite l'agonie d'un patient à la gêne, plié des piés à la tête, comme une excellente lame d'Eſpagne, contourné, roulé comme des oublies dans la circonférence du panier ; & enfin le danger d'étouffer ſous l'impur fardeau qui m'oppreſſoit. Figurez-vous un homme de mon volume & de mon embonpoint, plus fondant que le beurre ou un melon d'eau dans ſa maturité, un pareil homme mis en vendange ſous ce preſſoir. Penſez à cela : ce fut par miracle que j'échappai à la ſuffocation. Puis au plus haut point de cette chaleur, lorſque je fondois comme neige, zeſte! je ſens un tour de main...... & me voilà poiſſon, poiſſon de la Tamiſe : englouti dans un fleuve glacé, au moment où mon corps fumoit comme la fournaiſe ! Penſez à cela, — fumant comme la fournaiſe ! — Penſez à cela, Monſieur Broc.

FORD.

Du fond de mon ame, Sir, je ſuis pénétré de tous les maux que vous avez ſoufferts pour m'obliger. Il en résulte la perte de mes espérances : vous ne daignerez plus faire aucune tentative auprès de la Dame.

FALSTAFF.

Mons Broc, je consens d'être jetté dans l'Etna, comme je l'ai été dans la Tamise, quand vous me verrez lâcher ainsi ma proie. Le mari va courir le gibier aux champs ce matin, & moi je suis honoré d'un second rendez-vous. On m'attend de huit à neuf, Monsieur Broc..

FORD.

Il est déja huit heures, Sir.

FALSTAFF.

En vérité? Je pars pour le rendez-vous qui m'est assigné. Revenez tantôt à votre loisir ; vous apprendrez de mes faits, & vous couronnerez l'œuvre en possédant la Nymphe. Adieu, Mons Broc, vous cueillerez la pomme. Mons Broc, ménagez-vous pour couronner Ford. (*Falstaff sort*).

SCENE XXIV.

FORD, *seul*.

Est-ce une vision? Est-ce un songe? Éveillez-vous, Monsieur Ford, éveillez-vous ; on gâte votre plus belle robe. Voilà ce que c'est que le mariage :

voilà ce que c'est que d'avoir des panniers & du linge à blanchir. — Et je n'afficherois pas ce que je suis aux quatre coins du monde ? Le misérable ! il est dans ma maison ! Oh ! du moins ne peut-il s'évader cette fois : je crois impossible qu'il le puisse. Il est trop gros pour couler dans une bourse, se glisser dans la poivrière, ou se tapir dans un étui de poche. Cependant de crainte que Lucifer, son suppôt, ne lui prête son secours, je veux fouiller les trous, les fentes impraticables. Puisque je ne puis éviter d'être ce que je suis, la certitude de l'être ne me donnera pas des mœurs douces. Si l'animal qui porte cornes (†) est souvent forcené, hé bien, que ce proverbe s'accomplisse sur moi, je serai furieux.

(*Il sort*).

(†) Il n'est point d'image que Shakespear affectionnât davantage que celle des cornes d'un cocu : on la trouve par-tout dans ses caractères du bas étage. Peut-être que comme il composoit pour le théatre bien plus que pour la presse, il ne s'est pas apperçu de cette fréquente répétition ; ou que voyant que ce badinage faisoit toujours son effet, il n'a pas jugé nécessaire de le corriger. *Johnson*.

ACTE IV.

SCÈNE PREMIÈRE.

LA MAISON DE PAGE.

Madame PAGE *paroît avec* WILLIAMS, *son jeune fils, &* QUICKLY.

Mad. PAGE.

LE croyez-vous déja rendu chez Madame Ford ?

QUICKLY.

Il y est déja, ou bien prêt à s'y rendre : mais il étoit en furie de ce qu'on l'avoit jetté dans la mare. Madame Ford vous recommande de venir tout-à-l'heure.

Mad. PAGE.

Je ferai chez elle dans un moment : je ne voulois que conduire mon jeune garçon à l'école. Voici son maître. — Ha! ha! je vois bien que c'est aujourd'hui un jour de congé. (*Evans entre*). Eh bien, Sir Hugues, vous n'avez donc pas de classe aujourd'hui ?

ÉVANS.

Non. Monsieur Slender veut que l'on consacre la journée aux jeux & aux divertissemens.

QUICKLY.

Que son cœur en soit béni! (†) (*Tous sortent*).

SCENE II.

La maison de Ford.

Madame FORD *paroît avec* FALSTAFF.

FALSTAFF.

Dame Ford, votre douleur a effacé le souvenir de mes souffrances. Je le vois, vous m'aimez tendrement : je fais vœu de vous rendre autant d'amour, poids pour poids, sans qu'il s'en manque un grain : & non content, Madame Ford, de m'aquitter par le simple sentiment, je vous promets les dépendances, les alentours, toutes les cérémonies de l'amour. (*Il va*

(†) Il y a ici une scène entre le pédant & l'enfant, qui est inutile à la pièce, dont on peut la retrancher sans rien déranger : au reste Shakespear savoit bien ce qui plaisoit de son temps. Il falloit que ces scènes fussent goûtées alors ; car dans toutes les anciennes pièces, on trouve des scènes de pédans instruisans leurs écoliers. *Steevens.* On trouvera cette scène dans les notes (* 2).

pour l'embrasser). Mais êtes-vous sûre qu'aucun mari ne reviendra nous troubler ?

Mad. FORD.

Celui que vous craignez est à la chasse, tendre Sir Jean. (*Madame Page s'écrie du dedans*).

Mad. PAGE.

Hola, chère amie ! Voisine Ford, hola !

Mad. FORD.

Eh vîte, Sir Jean ; passez dans cette alcove.

SCENE III.

Madame FORD *&* Madame PAGE.

Mad. PAGE.

Bonjour, ma belle. Dites-moi, qui avez-vous au logis ?

Mad. FORD.

Quoi ? Personne que nos gens.

Mad. PAGE.

Bien sûr ?

Mad. FORD.

Sans doute. (*Bas*). Élevez la voix.

Mad. P A G E, *plus haut.*

J'en fuis ravie : oh ! je fuis ravie que vous n'ayez point ici d'étranger.

Mad. F O R D.

Hé pourquoi donc ?

Mad. P A G E.

Pourquoi ? Votre époux eft retombé dans fes lunatiques manies. Il faut l'entendre défiler fa litanie à Monfieur Page, fe déchaîner contre tous les maris de l'univers, faire pleuvoir fes malédictions fur les petites filles d'Eve, de quelque couleur, de quelque complexion qu'elles foient, & les damner toutes : il faut le voir fe frapper le front en criant, *percez, paroiffez* (†) ; avec de telles imprécations, que la plus violente folie paroîtroit fage & calme auprès de fa frénéfie. Je vous félicite bien de n'avoir pas au logis le gros Chevalier. —

Mad. F O R D.

Comment ? Parle-t-il de lui ?

Mad. P A G E.

Ciel ! il ne parle que de lui. Le traître, s'écrie-t-il en jurant, — le traître, dit-il, étoit ici hier caché

(†) Apoftrophe à fon front.

dans un pannier : il protefte , à mon mari, qu'il y eft encore aujourd'hui : il lui a fait quitter la chaffe , ainfi qu'au refte de la fociété , & il les entraîne tous pour leur prouver la juftice de fes foupçons. Mais quel bonheur que le Chevalier ne foit pas ici ! Votre époux va voir fa démence.

Mad. FORD.

A quelle diftance eft-il , Madame Page ?

Mad. PAGE.

Tout près , au bout de la rue : il va arriver dans l'inftant.

Mad. FORD.

Je fuis perdue, le Chevalier eft ici.

Mad. PAGE.

Oh! vous êtes une femme perdue fans reffource, & je tiens le Chevalier pour mort. Vous êtes une femme trop étonnante. — Qu'il fuie, qu'il fuie ; il vaut mieux courir , que périr.

Mad. FORD.

Et comment fuir ? Par où fortira-t-il ? Comment le cacherai-je ? Aurons-nous recours encore au pannier ?

SCENE IV.

Les deux femmes. FALSTAFF *rentre tout-à-coup.*

FALSTAFF.

Non, plus de pannier; non, morbleu, plus de pannier. Ne puis-je m'évader, avant qu'il arrive?

Mad. PAGE.

Hélas! j'oubliois que trois frères de Monsieur Ford, armés de carabines, gardent la porte, afin que rien ne sorte : sans cela, vous auriez pu vous échapper, avant qu'il vienne. — Mais que faites-vous céans?

FALSTAFF.

Que ferai-je? — Ah! je vais grimper dans la cheminée.

Mad. FORD.

C'est là qu'ils viennent tous en rentrant décharger leurs fusils de chasse. Descendez dans le four.

FALSTAFF.

Où est-il?

Mad. FORD.

Non, Ford vous y chercheroit encore, sur ma vie. La maison n'a pas une loge, une voûte, un bouge, appenti, soupirail,

DE WINDSOR.

foûpirail, dont il ne tienne un état par écrit pour s'en fouvenir dans l'occafion; & il fait la revue d'après fa note. Vous ne pouvez refter caché dans le logis.

FALSTAFF.

Il faut donc fortir ?

Mad. FORD.

Si vous fortez, & que vous foyez reconnu, vous êtes mort. — A moins que vous ne fortiez déguifé.... Comment le déguiferons-nous ?

Mad. PAGE.

Hélas! en vérité, je n'en fais rien. Il n'eft point de robe au monde affez large pour lui, fans quoi l'affublant d'un fichu & d'une gorgerette, d'un chapeau de femme, peut-être on le fauveroit encore.

FALSTAFF.

Ah ! bons cœurs, bons cœurs; imaginez quelque expédient : tout, tout, plutôt qu'un meurtre n'advienne.

Mad. FORD.

Attendez. La tante de ma chambrière, la groffe femme de Brainford, a laiffé une robe dans le grenier.

Mad. PAGE.

Sur ma parole, c'eft là notre affaire. La vieille

Tome X. X

est hydropique & aussi grosse que lui. Vous avez aussi son chapeau de frise & son vertugadin. — Courez là-haut, Sir Jean.

Mad. F O R D.

Courez, courez, tendre Sir Jean, tandis que Madame Page & moi vous chercherons quelque coëffure à votre tête.

Mad. P A G E.

Vîte, & vîte, cruel Chevalier. On va vous monter un bonnet. Passez toujours la robe.

SCENE V.

FALSTAFF *sort & court.*

Mad. F O R D, *riant.*

JE voudrois bien que mon mari le rencontrât sous cette mascarade. Il ne peut souffrir la vieille femme de Brainford (†), qu'il traite de sorcière. Il l'a vingt fois menacée de l'assommer, s'il la revoyoit chez lui.

Mad. P A G E.

Que le ciel guide Falstaff sous le bâton de votre mari; & après, que le diable guide son bâton !

(†) On trouve plusieurs anciennes balades sur la vieille femme de Brainford. *Steevens.*

Mad. FORD.

Mais Ford vient-il, férieufement ?

Mad. PAGE.

Oui, très-férieufement, il eſt très-férieux. Il parle même de l'aventure du pannier. Comment la fait-il ? c'eſt ce qui me paſſe.

Mad. FORD.

Nous verrons à le découvrir. Je vais faire rapporter le pannier par nos gens. Je veux qu'il le rencontre à la porte comme la dernière fois.

Mad. PAGE.

Dépêchons donc; car il va fondre ici dans l'inſtant. Songeons à la toilette de la forcière de Brainford.

Mad. FORD.

Laiſſez-moi d'abord donner mes ordres à mes gens pour le pannier. Montez; je vous porterai du linge à l'inſtant.

Mad. PAGE.

Ah! l'infâme Satyre, pourroit-on trop le maltraiter? Nous laiſſerons une preuve dans ce que nous allons faire, que les femmes peuvent en même temps être joyeufes & vertueufes. Nous ne faifons pas toujours ce dont on nous voit rire & plaifanter. Le vieux proverbe a dit vrai : « L'eau qui dort, est la plus traîtresse ».

Mad. FORD.

Robert, James, retournez quérir le pannier; votre maître est à la porte : s'il veut le voir ouvert, obéissez. — Allons, dépêchez. (*James va à la porte, & traîne le pannier dans la salle. Madame Page & Madame Ford sortent*).

JAMES.

Viens, toi ; soulevons notre charge.

ROBERT.

Dieu veuille qu'il ne soit pas rempli encore d'un Chevalier !

JAMES.

J'espère que non. J'aimerois autant porter un Chevalier de plomb.

SCENE VI.

Monsieur FORD *entre brusquement avec Monsieur* PAGE, SHALLOW, CAIUS, *&* ÉVANS.

FORD.

D'accord, Monsieur Page. Mais si la chose est prouvée, avez-vous des secrets pour me laver de l'affront d'un fot ? — A bas le pannier, marauts. — Qu'on appelle ma femme ! — Il y a un jeune galant dans le pannier. — O vous, fuppôts d'infamie ! — Une bande, une ligue, une cabale, une confpiration eft formée contre moi ; mais le diable en aura la honte. Hola, ma femme ; ma femme, dis-je, fortez, paroiffez : qu'on vuide ce pannier en votre préfence ; venez voir l'honnête paquet que vous envoyez au blanchiffage.

PAGE.

Oh ! ceci paffe les bornes, Monfieur Ford : il ne faut plus vous laiffer à vous-même : vous devez porter la lifière.

ÉVANS.

Oh ! cet homme eft lunatique ; il eft fou comme la folie même.

SCENE VII.

Madame FORD *entre.*

SHALLOW.

Cela n'eft pas bien, Monfieur Ford ; cela n'eft pas bien.

FORD.

Je dis comme vous, Meffieurs. Avancez ici,

Madame Ford, l'honnête femme, l'épouse modeste, la vertueuse créature qui a un visionnaire pour mari ; avancez. J'ai tort de vous soupçonner : n'est-il pas vrai ?

Mad. F O R D.

Le ciel me soit témoin que vous êtes injuste, si vous me soupçonnez de rien de malhonnête.

F O R D.

Vous parlez haut, front d'airain : soutenez ce ton. — Qu'on me vuide le pannier.

P A G E.

Cela est trop fort.

Mad. F O R D, *arrêtant son mari.*

Eh, Monsieur ! comment ? Vous respectez-vous si peu ?

F O R D.

De la résistance ? — Je te trouverai bientôt.

É V A N S.

Cela n'est pas raisonnable. Quoi ! vous voulez fouiller le linge de votre femme ? Allons, laissez, laissez.

F O R D.

Renversez les hardes, vous dis-je.

Mad. FORD.

Mais à quoi bon ? Monsieur....

FORD.

Monsieur Page, comme j'honore la vérité, un homme se sauva hier de ma maison dans ce même pannier. Pourquoi ne peut-il pas s'y trouver encore aujourd'hui ? J'ai la certitude qu'il est dans la maison. Mes avis sont sûrs, ma jalousie est fondée en raison. Otez jusqu'à la dernière juppe. (*Le pannier est vuidé*).

Mad. FORD.

Si vous trouvez un homme ici, vous pouvez le tuer comme un moucheron.

PAGE.

Il n'y a point là d'homme.

SHALLOW.

Par la fidélité de feue Madame Shallow, vous vous faites injure, Monsieur Ford.

ÉVANS.

Monsieur Ford, vous devriez prier, jeûner, & ne pas vous livrer ainsi aux chimères de votre imagination : ce sont là des accès de jalousie.

FORD, *embarrassé*.

Quoi ! eh bien .... eh bien .... je l'avoue. Celui que je cherche, n'est pas là.

PAGE.

Et n'existe que dans votre cervelle blessée.

FORD.

Aidez-moi à fouiller par-tout cette seule fois. Si je ne trouve rien, vous êtes dispensés d'excuser ma folie : c'est à moi de fournir à jamais matière aux sarcasmes des tables. Consacrez tous ce refrein à jamais : « Aussi » jaloux que Ford, qui ouvrit la coquille d'une noix » creuse pour y trouver le galant de sa femme ». Mais veuillez me satisfaire encore une fois ; une dernière fois cherchez avec moi.

Mad. FORD, *appellant*.

Ma voisine, Madame Page, descendez ; amenez la vieille femme avec vous : mon mari veut monter.

FORD.

La vieille femme ? Oh ! oh ! qui est-elle ?

Mad. FORD.

C'est cette pauvre femme de Brainford, la tante de notre servante.

FORD.

FORD.

Qui, la sorcière, la mégère, la vieille fée, qui fait commerce d'œuvres immondes? Ne lui ai-je pas interdit ma porte? C'est-à-dire qu'elle vient ici rendre quelque message. Pauvres maris! nous sommes si simples! Nous ne savons pas tout ce qui nous arrive, qui passe ou qui sort, grace à la profession de conteuse de bonne aventure. Celle-ci, par ses charmes, ses prestiges, ses figures, & autres mystères diaboliques, au-delà de notre portée, nous aveugle; nous n'y connoissons rien. Descends, vieille mégère; descends, vieux monstre femelle; viens, que je t'assomme.

Mad. FORD.

Non, cher ami; arrêtez-le, Messieurs, empêchez-le de frapper la vieille femme.

SCENE VIII.

FALSTAFF *paroît habillé en femme avec une coëffe rabattue, & les yeux baissés. Madame PAGE est avec lui.*

Mad. PAGE.

Viens, maman *Prat*, ne crains rien : donne-moi la main.

FORD.

Viens, viens, que je te caresse. Hors d'ici, vieille infâme. (*Il bat Falstaff à grands coups*). Vieux serpent, vieux bagage, voilà comme je te conjure, moi: va dire la bonne aventure au diable. (*Falstaff se sauve*).

Mad. PAGE.

N'êtes-vous pas honteux? Ah! vous avez tué la digne femme.

Mad. FORD.

Ma foi, j'en ai peur. — Oh! ce trait vous fera honneur.

FORD.

Au gibet, la sorcière!

ÉVANS.

Ma foi, par les règles de la magie, je crois véritablement cette vieille femme sorcière. Je n'aime pas qu'une femme porte une grande barbe : j'ai observé une longue barbe sous la cape de celle-ci.

FORD.

Messieurs, voulez-vous me suivre? Je vous en conjure, suivez-moi : tout va se découvrir. En cas que je vous mène sur une fausse trace, ne m'en croyez jamais à la chasse ni à la guerre.

PAGE, *aux autres.*

Allons, prêtons-nous encore une fois à sa foibleſſe. Venez, Meſſieurs.
(*Ils ſortent*).

SCENE IX.

Madame FORD *& Madame* PAGE *demeurent ſeules.*

Mad. PAGE.

Pour le coup, votre galant s'en va pitoyablement accoutré.

Mad. FORD.

Dites donc, impitoyablement.

Mad. PAGE.

J'opine que le bâton ſoit béni & ſuſpendu ſur l'autel : il a ſervi à une action méritoire.

Mad. FORD.

Qu'en dites-vous, ma chère ? Pouvons-nous, avec la bienſéance du ſexe, pouvons-nous, en conſcience, méditer encore d'autre vengeance contre Falſtaff ?

Mad. PAGE.

Cet exorciſme a dû chaſſer de ſon corps l'eſprit libertin. A moins qu'un lutin amoureux ne le tienne à la tête avec des pinces d'acier, nous en voilà défaites; & il ne songera plus à attenter à notre honneur.

Mad. FORD.

Régalerons-nous nos époux des tours que nous lui avons joués ?

Mad. PAGE.

Sans doute, ne fût-ce que pour détruire les soupçons que le vôtre a conçus. S'ils jugent que notre gros & épais Chevalier ne soit pas encore assez puni, nous serons toutes deux les ministres de leur vengeance.

Mad. FORD.

Sûrement ils voudront que sa honte soit publique. Quant à moi, je pense que sa folie n'aura point de fin, si on ne l'en corrige avec éclat.

Mad. PAGE.

Allons, inventez, imaginez. J'aime à battre le fer, tandis qu'il est chaud.

(*Elles sortent*).

SCENE X.

Le Théatre change.

L'Hotellerie de la Jarretière.

L'HOTE & BARDOLPH *entrent.*

BARDOLPH.

Hote, les Allemands vous demandent trois bidets de felle. Leur Duc, en perfonne, arrive demain à la Cour, & ils vont au-devant de lui.

L'HOTE.

Qu'eft-ce ? Quel eft ce Duc ou Archiduc qui chemine fi incognito ? Je n'en entends point parler à la Cour ni fous la Halle. Fais-moi raifonner avec ces étrangers : ils parlent Anglois ?

BARDOLPH.

Maître, je vais vous les envoyer.

L'HOTE.

Ils auront mes haquenées, mais ils les payeront bien ; je les épicerai. Ils ont arrêté ma maifon depuis huitaine, & j'ai délogé pour eux mes autres hôtes. La carte fera bonne : je veux les preffurer comme gens d'outre-mer. Allons, viens. (*Ils fortent*).

SCENE XI.

La maison de Ford.

Monsieur PAGE, *Monsieur* FORD ; *Madame* PAGE, *Madame* FORD, & ÉVANS *paroissent.*

ÉVANS.

Ce sont bien là les femmes les plus discrètes que j'aie jamais vues de mes deux yeux.

PAGE.

Quoi, il vous écrivit en même temps deux lettres pareilles ?

Mad. PAGE.

Dans le même quart-d'heure.

FORD.

Pardon, ma femme. Allez, venez désormais sans en rendre compte qu'à vous même. Je taxerai plutôt le soleil de froidure, que vous d'infidélité. J'étois hérétique ; vous m'avez converti. Il ne me reste plus qu'une foi aveugle à votre vertu.——

PAGE.

En voilà assez ; brisez-là : en voilà assez. Ne soyez

pas aussi extrême dans la réparation, que dans l'offense : songeons plutôt à notre complot. Nos femmes proposent d'offrir à ce vieux fou une dernière entrevue. S'il est assez vain pour s'y rendre, comment rendrons-nous publiques son insolence & sa disgrace ?

FORD.

Je ne vois point de meilleure idée que la leur.

PAGE.

Quoi, de lui faire dire qu'elles l'attendent à minuit dans le parc ? Allons donc : il ne s'y fiera jamais.

ÉVANS.

Vous dites, qu'il a essuyé une immersion dans la rivière, & qu'il vient d'être fessé rigoureusement sous l'accoutrement d'une vieille femme. Il doit, ce me semble, avoir des terreurs qui l'empêcheront de venir. Sa chair, je pense, est mortifiée ; il n'aura plus de désirs.

PAGE.

Je le juge de même.

Mad. FORD.

Imaginez seulement ce qu'on peut faire de lui, quand il y sera, & nous nous chargeons d'imaginer les moyens de l'y amener.

Mad. PAGE.

Attendez. — Je songe à une vieille histoire que mon aïeule contoit autrefois. Herne le veneur, disoit-elle, garda de son vivant la forêt de Windsor; & maintenant son fantôme revient toutes les nuits, vers l'heure de minuit. On l'apperçoit armé de cornes, se promenant autour d'un chêne qui porte son nom : & dans sa ronde, il flêtrit l'arbre, ensorcèle le bétail, change le pur lait des vaches en un sang noir, & secoue des chênes avec un bruit effroyable. Plusieurs de vous ont entendu parler de cet Esprit : & vous savez que nos bons aïeux, crédules & superstitieux, y ajoutoient foi, & qu'ils ont transmis à notre âge, comme une vérité, le conte de Herne le chasseur.

PAGE.

Nous ne manquons point de gens encore qui n'oseroient dans la nuit passer auprès de ce chêne fameux. Mais qu'en peut-il résulter ?

Mad. FORD.

Le voici. Qu'il faut que Falstaff vienne nous trouver au pié du chêne. Nous lui manderons de se rendre dans la forêt, équipé comme Herne, avec une paire de cornes énormes sur son front.

PAGE.

Soit; admettons qu'il y vienne. Quand vous le
tiendrez

tiendrez sous cette gentille figure, qu'en voulez-vous faire? Quel est votre plan?

Mad. P A G E.

Nous y avons songé, & le voici. Il faudroit joindre à ma Nancy & à mon fils, trois ou quatre jeunes gens de la Ville; les déguiser en Elves, en Sylphes, en Farfadets, en Lutins, avec des habillemens blancs & verds, des mêches flambantes sur leurs têtes, & des sonnettes dans leurs mains. On les cacheroit dans quelque fossé des environs, d'où, au moment où Falstaff, elle & moi s'aborderoient, ils sortiroient tout-à-coup, prononçant des sons sauvages propres à glacer l'ame. A leur conflit, nous fuirions toutes deux dans la terreur; ils entoureroient le fantôme, feindroient de pressentir, par l'art des Fées, l'incontinence du profane: & l'un d'eux lui demanderoit, d'une voix rauque & effrayante, comment il ose, sous cette figure profane, troubler l'asyle & l'heure de leurs magiques ébats.

Mad. F O R D.

Puis nos Génies supposés le pinceroient à la ronde, si mieux on n'aime le chauffer avec les mêches, jusqu'à ce qu'il confesse ses fautes.

Mad. P A G E.

Après ses aveux, nous paroîtrons tous. Herne sera

berné, dépouillé de ses cornes, & nous le ramènerons en triomphe à Windsor.

FORD.

Vivent les femmes ! Mais si nos jeunes gens ne sont bien instruits, ils ne rendront jamais leur rôle.

ÉVANS.

Laissez-moi donner mes documens à ces tendres élèves. Vous me verrez moi-même, comme un jeune égrillard, vous larder le spectre avec ma torche.

FORD.

Cela sera charmant. Je me charge d'acheter les masques.

Mad. PAGE.

Ma fille sera la Reine des Génies, vêtue de damas blanc sans tache.

PAGE.

Dont je vais faire l'emplette : (*à part*) & dire en secret à Slender d'enlever Nancy dans ce tumulte, pour l'aller épouser à Éaton. (*Haut*). Allons, envoyez à l'instant chez Falstaff.

FORD.

Non, j'y retourne d'abord sous mon nom de Broc. Je saurai tout ce qu'il a dans l'ame : nous le tenons à coup sûr.

DE WINDSOR.

Mad. PAGE.

Sans nul doute. Partez; songez à vous pourvoir de tout l'équipage des lutins.

ÉVANS.

Allons, mettons-nous à l'ouvrage. Ce plaisir sera un plaisir admirable : c'est une espiéglerie fort innocente. (*Ford, Page, & Évans sortent*).

SCENE XII.
Madame PAGE.

Voisine, il vous reste le soin de prévenir Quickly. Vous savez.... Sir Jean a besoin qu'on relève son courage. (*Madame Ford sort*). Pour moi, je vais chez le Docteur ; il a mon agrément. Toute réflexion faite, il nous convient; & lui seul sera mon gendre. Slender, si riche en terres, le bon Monsieur Slender, dont mon mari s'entête, n'est qu'un idiot. Caïus a des écus & de bons amis à la Cour. Il aura ma fille, dussent mille autres partis, meilleurs que lui, venir la demander.

(*Elle sort*).

SCENE XIII.

L'Hôtellerie de la Jarretière. On voit au fond un escalier & des fenêtres.

L'HOTE *paroît, & rencontre* **SIMPLE** *qui regarde en l'air.*

L'HOTE.

Qu'y a-t-il, héron au long cou? Que demandez-vous, balourd? Qu'est-ce? Remuez, parlez, soufflez, narrez : allons, vîte, prompt, éclatez.

SIMPLE.

Vraiment, Monsieur l'Hôte, je souhaiterois parler à Sir Jean Falstaff, de la part de Monsieur Slender.

L'HOTE, *montrant une fenêtre.*

Voilà sa chambre, sa maison, son château, son lit de maître & son lit inférieur (†). Sur la muraille est peinte l'histoire de l'Enfant prodigue, toute fraîche.

(†) On couchoit alors dans des lits doubles ou à deux étages, comme on en voit encore sur les *yachts* & autres bâtimens de transport. Le lit élevé étoit celui du maître : le valet couchoit dans un coffre, ou lit courant, placé au-dessous. Voyez la chronique de Hall.

DE WINDSOR. 181

Allez, grattez, appellez : il vous répondra du dedans comme un antropophaginien (†). Frappez, vous dit-on.

SIMPLE.

Une vieille femme, une vieille & grosse femme est montée dans sa chambre. J'aurai la hardiesse de demeurer jusqu'à ce qu'elle descende : véritablement c'est à elle que je viens parler.

L'HOTE.

Ah! une grosse femme! Le Chevalier pourroit être volé. Je vais l'avertir. — Bruyant paladin, bruyant Sir Jean, parlez du creux de vos poumons militaires. Etes-vous là? C'est votre Hôte, votre Majordome qui appelle.

SCENE XIV.

FALSTAFF *paroît au haut de l'escalier.*

FALSTAFF.

QUE diable voulez-vous, mon Hôte ?

(†) Mot employé pour étonner Simple, & qui n'a point de sens, pas plus que celui d'*Éphésien* employé plus bas. *Steevens.*

L'HOTE.

Voyez-vous ce tartare Bohémien (†)? Il attend le loisir de la grosse femme qui est avec vous : laissez-la descendre, Paladin, laissez-la descendre. Mes appartemens sont honnêtes. Fi du particulier! fi! (*Falstaff descend*).

FALSTAFF.

Mon Hôte, j'avois tout-à-l'heure une vieille & grosse femme avec moi; mais elle est partie.

SIMPLE.

Ah! je vous prie, Sir; n'étoit-ce pas la sage vieille de Brainford?

FALSTAFF.

Eh oui (*faisant signe à Simple de fermer la bouche qu'il tient ouverte*), coquille de moule (¶). Que voudriez-vous d'elle?

SIMPLE.

Mon maître, Sir, Monsieur mon maître Slender l'a vue passer dans la rue : « va la trouver, a-t-il dit,

---

(†) Vagabonds, que les Allemands appellent *Tartares* & *Zigens*; les François, *Bohémiens*, & les Anglois, *Gypsies*. Mezeray.

(¶) Il l'appelle ainsi, parce qu'il a la bouche ouverte comme une moule qui bâille. *Steevens*.

pour savoir si un certain Nym, qui m'a escroqué une chaîne, a la chaîne ou non ».

FALSTAFF.

J'ai parlé de cette affaire à la vieille femme.

SIMPLE.

Et, Sir, que dit-elle, je vous prie?

FALSTAFF.

Ma foi, dit-elle, l'homme qui prit à Monsieur Slender sa chaîne, est précisément le même qui l'a dérobée.

SIMPLE.

J'aurois voulu pouvoir parler à la femme en personne. J'avois d'autres choses à lui demander encore de sa part.

FALSTAFF.

Quelles choses? Sachons-les.

L'HOTE.

Vîte, allez; vous êtes avec vos amis.

SIMPLE.

Je pourrois ne les pas cacher.

FALSTAFF.

Cache-les, ou tu meurs.

SIMPLE.

Quoi Sir ? il ne s'agit que de Miss Anne Page ; de savoir si c'est le sort de mon maître, d'avoir Miss ou non.

FALSTAFF.

Oui, oui, c'est son sort.

SIMPLE.

Quoi, Sir ?

FALSTAFF.

D'avoir Miss ou non. Allez, rapportez que la vieille femme vous l'a dit ainsi.

SIMPLE.

Puis-je être assez hardi pour redire cela, Sir ?

FALSTAFF.

Sans doute, apprentif ; comme l'homme le plus hardi.

SIMPLE.

Nous vous remercions, Sir. Je réjouirai mon maître par ces bonnes nouvelles. (*Simple sort*).

L'HOTE.

Vous êtes expert : vous êtes expert, Sir Jean. Est-il réellement entré une vieille femme chez vous ?

FALSTAFF.

DE WINDSOR.

FALSTAFF.

Oui, une sage & vieille femme, mon Hôte, laquelle m'a communiqué plus d'esprit que je n'en avois eu dans toute ma vie ; & je n'ai rien payé pour cette science : c'est moi qu'on a payé (†) pour apprendre.

SCENE XV.

BARDOLPH *entre*.

BARDOLPH.

Foin du métier sans la bonne foi. Pure escroquerie, Hôte ! escroquerie !

L'HOTE.

Rends-moi bon compte de mes chevaux ? Où sont mes chevaux ?

BARDOLPH.

Partis avec les filoux. Aussi-tôt que nous avons dépassé Eaton.... j'étois en croupe derrière l'un d'eux ; un autre me prend, me jette dans une ornière : tous trois piquent, & prrr, enfilent la plaine comme trois diables Allemans, trois Docteurs Faustus (¶).

(†) Allusion aux coups de bâton qu'il a reçus. *Steevens.*
(¶) Le Docteur Faust étoit Allemand.

L'HOTE.

Oui, pour joindre plutôt leur Duc. Coquin, ne dis point qu'ils ont pris la fuite : les Allemands font gens de bien.

SCENE XVI.

Les mêmes. ÉVANS *entre.*

ÉVANS, *bas en s'avançant.*

JE fens certaine joie de vengeance à lui notifier la nouvelle. — Où est notre Hôte ?

L'HOTE.

Qu'y a-t-il, mon Ministre ?

ÉVANS.

Tenez l'œil à vos écots. Un de mes intimes, entré naguères dans cette cité, m'apprend que trois égrefins arpentent la route de Bristol. Ce trio a dérobé des chevaux ou de l'argent à tous les Hôtes de Réadings, de Colebrook. Je vous en informe par bonne volonté pure : passons. Vous êtes prudent ; vous abondez en reparties & en saillies. Il ne convient pas que vous foyez dupé : & Dieu vous tienne en paix ! (*Evans fort*).

SCENE XVII.

Les mêmes. CAÏUS *entre.*

CAIUS.

Morbleu ! je cherche notre Hôte de la Jarretière.

L'HOTE.

Le voici, Docteur, dans la perplexité; &, ce dit-on, dans un *dilemme* fort obscur.

CAIUS.

Hum, je n'entends pas ce mot : mais j'entends dire que vous approvisionnez votre auberge pour un Duc de Germanie. Que je perde ma science, s'il doit venir un Duc à la Cour ! Je vous dis ceci par bonne volonté. Adieu. (*Caïus sort*).

L'HOTE.

A la force ! haro ! Cours, traître ! — Assistez-moi, Chevalier ! Je suis ruiné. Cours. — Criez haro, criez au meurtre. Traître, je suis ruiné. (*L'Hôte & Bardolph sortent*).

SCENE XVIII.

FALSTAFF, *seul.*

JE voudrois que le monde entier fût dupé, puisque je l'ai été, moi. — Parlons bas, — & battu de bonne sorte. Si la Cour apprenoit jamais comment je me suis vu métamorphosé, & comment ma personne ou ma métamorphose s'est vue baignée & bâtonnée, tous ces jolis Seigneurs exprimeroient ma quintessence goutte à goutte au feu de leurs bons mots. On liquéfieroit Falstaff en goudron pour enduire les barques; ou ma foi! il seroit balotté, canoné de tous les coins du cercle, jusqu'à ce qu'on l'eût applati comme une poire tapée. Je n'ai jamais prospéré depuis le jour où je trichai à la triomphe (†). — Oui, si j'avois seulement assez longue haleine pour dire mes prières, je ferois pénitence. —

(†) Dans l'Anglois, au *primero*, *la prime* ; jeu de cartes à la mode dans ce temps là.

SCÈNE XIX.
QUICKLY entre.

FALSTAFF.

Encore! De quelle part venez-vous?

QUICKLY.

De la part des deux Dames, je vous jure.

FALSTAFF.

Que le diable prenne l'une, & sa femme l'autre: elles seront toutes deux bien pourvues. J'ai plus souffert pour l'amour d'elles, que la foible & misérable constitution de l'homme n'en peut supporter.

QUICKLY.

Et n'ont-elles rien souffert? Toutes deux ont pâti, je vous assure. L'une d'elles, sur-tout Madame Ford, innocente personne, n'a pas grand comme cela sur le corps, que vous ne puissiez voir tout bleu & noir de coups.

FALSTAFF.

Que me parlez-vous de bleu & de noir? Ce ne seront jamais que deux couleurs, tandis que toutes celles de l'arc-en-ciel sont peintes sur le mien. J'ai risqué même d'être pris, appréhendé au corps pour la sorcière de Brainford. Sans mon admirable préfence d'efprit qui m'a délivré, en m'infpirant de contrefaire la femme imbécille, ce gredin de Connétable m'envoyoit aux ceps fous le nom de forcière, aux ceps du marché !

QUICKLY.

S'il vous plaît me donner, en tout honneur, audience dans votre chambre, vous apprendrez le deffous des cartes, & vous ne refterez pas mécontent, je vous affure. Ce poulet que je tiens, vous en dira quelque chofe. Tendres cœurs, que de peines il en coûte pour vous unir ! Sûrement l'un de vous ne fert pas bien le ciel, puifque vous êtes fi traverfés.

FALSTAFF.

Voyons donc : entrez dans ma chambre. (*Ils montent dans la chambre de Falftaff*).

SCENE XX.

L'HOTE *entre avec* FENTON.

L'HOTE.

NE me parlez point, Monfieur Fenton : j'ai trop de chagrin : je quitterois le métier pour une épingle.

FENTON.

Écoutez-moi feulement ; fecondez mon deffein.

Foi de Gentilhomme, je paierai ta perte, & cent pièces au-delà.

L'HOTE.

Parlez, parlez, Monsieur Fenton. Faites fonds sur le secret.

FENTON.

Je t'ai confié par fois ma tendresse pour Miss Anne Page, & mon Hôte apprendra le premier, qu'Anne a répondu à mes soins, autant que la bienséance pouvoit le lui permettre. Voici une lettre d'elle (*montrant un écrit*), où son jeune cœur s'ouvre avec une candeur, dont tu serois émerveillé. Mais les aveux qui causent ma joie, y sont tellement mêlés au récit de nos affaires, que je ne puis entamer l'un sans dévoiler les autres. Le gros Falstaff se trouve engagé dans une aventure.... Il seroit long de la décrire. (*Lui montrant une lettre*). Je vais te lire toute l'histoire : prête l'oreille, mon cher Hôte.—Tu sauras que ma charmante Maîtresse doit se rendre vers minuit au chêne d'Herne, pour y représenter la Reine des Génies. Le but est écrit ici. Que son père lui a commandé de s'esquiver sous son déguisement avec Abraham Slender, dans l'instant où chacun seroit le plus occupé des autres parties de la scène ; & de se laisser conduire à Éaton pour y être mariée dans l'instant. Elle a feint de consentir. — En même temps sa mère, déclarée contre cet hymen & fidèle à son protégé Caïus, a de même conseillé au Docteur d'enlever la jeune personne au milieu de la confusion des rôles. Ses soins ont été jusqu'à faire tenir le Doyenné ouvert, où un Prêtre l'attend pour la marier sur l'heure ; & Anne, soumise en apparence, a aussi donné sa promesse au Docteur. Mais écoute le reste. Le père croit fermement que sa fille sera habillée toute en blanc. C'est par là que Slender doit, dans le moment favorable, la reconnoître ; & la prenant par la main, lui dire à voix basse de le suivre. La mère, au contraire, travaillant pour son Docteur qui viendra dans le bois masqué comme tous les autres, a commandé à sa fille d'y paroître en habit verd. Une robe flottante, des cheveux épars, des rubans dénoués & badinans sur la tête, serviront de signal à Caïus pour s'approcher, pour prendre la chère créature par la main ; & la jeune fille a tout promis.

L'HOTE.

Et qui Miss compte-t-elle tromper, son père ou sa mère ?

FENTON.

Tous les deux, bon Hôte, pour se donner à moi. Elle les trompera tous deux, si tu veux engager le Vicaire à m'attendre dans l'Église après minuit, pour unir deux tendres cœurs du lien d'un heureux & légitime mariage.

L'HOTE.

DE WINDSOR.

L'HOTE.

Oh, du légitime ! Je suis à vous, mon convive. Menez bien votre complot, amenez la jeune fille, je vous réponds du Prêtre.

FENTON.

Tu rendras ma reconnoissance éternelle. Dès-à-présent je t'en donne un gage.

(*Ils sortent*).

SCENE XXI.

FALSTAFF *reparoît avec* QUICKLY.

FALSTAFF.

Trève, de grace : c'est assez bavardé. Adieu ; je m'y rendrai. Voici la troisième tentative ; j'ai foi au nombre *trois*. Allons, on dit qu'il y a une providence & une chance magique dans les nombres impairs, tant pour la naissance que pour la fortune, ou le genre de mort. Adieu.

QUICKLY.

Comptez sur la chaîne de notre puits. Je vais faire de mon mieux pour vous procurer une paire de cornes.

FALSTAFF.

Trève, vous dis-je : vous ne connoissez pas le prix du temps. Adieu ; levez la tête, & rengorgez-vous.

(*Quickly sort*).

SCENE XXII.

FORD *entre*.

Ah vous voilà, Monsieur Broc? Monsieur Broc, nous finirons ce soir, ou jamais. Trouvez-vous vers minuit dans le parc : le chêne de Herne vous montrera des merveilles.

FORD.

Vous ne me parlez point d'hier. Auriez-vous manqué à l'entrevue?

FALSTAFF.

J'y allai en homme déja vieux, tel que vous me voyez, Monsieur Broc : j'en reviens en vieille femme. Le coquin de Ford a le plus fin démon de jalousie dans sa manche pour l'avertir de tout, quelque loup-garou des plus malins qui puissent gouverner la frénésie d'un mari. Je ne sais rien vous céler, Monsieur Broc. Il m'a battu comme plâtre dans mon état de femme; car dans mon état d'homme, je ne craindrois pas Goliath, une aune de Tisserand en main: je sais trop bien que la vie n'est qu'une navette. Je suis pressé, venez avec moi; je ne veux rien vous céler, Monsieur Broc. Depuis le temps que j'ai plumé la poule, mené la vie de fainéant & de libertin, & fouetté le sabot, je n'avois jamais su ce que c'est que des coups, hormis les coups d'armes à feu. Venez donc: j'ai des choses étonnantes à vous apprendre sur ce bourreau d'hypocondre, & j'en médite d'étonnantes pour nous venger cette nuit. Votre expédition est réglée; j'ai la Ford dans mes mains. Suivez-moi; d'étranges affaires se préparent, Monsieur Broc! Suivez moi.

(*Ils sortent*).

ACTE V.

SCENE PREMIERE.

Il est nuit. La Scène représente une partie couverte du Parc de Windsor. On entrevoit dans l'éloignement une touffe de grands arbres.

Monsieur PAGE, SHALLOW & SLENDER
arrivent.

PAGE.

Venez, venez. Il faut nous tapir dans ces fossés du Château, jusqu'à ce que les flambeaux de nos Lutins nous donnent le signal. Mon gendre Slender, songez à ma fille.

SLENDER.

Oh qu'oui. J'ai jasé avec elle, & nous sommes convenus d'un petit mot de tendresse pour nous connoître l'un l'autre. Je viens à elle : elle sera en blanc, & je crie, *hem* ; & elle crie, *bouget* : &, voyez-vous, par-là nous nous connoissons l'un l'autre.

SHALLOW.

Voilà qui est bien. Mais qu'avez-vous besoin de votre *hem* ou de son *bouget*? Le blanc l'annoncera & la désignera de reste. Il est déja onze heures sonnées.

PAGE.

La nuit est noire. Des follets, des lumières y figureront au mieux. Que le ciel protège notre plaisanterie ! Personne ici ne songe à mal que le diable, & nous le reconnoîtrons à ses cornes. — Voilà la route : suivez moi. (*Ils s'éloignent & entrent dans les fossés*).

SCENE II.

Madame PAGE, *Madame* FORD *&* CAIUS *arrivent.*

Mad. PAGE.

Docteur, votre future est en verd. Dès que vous trouverez votre moment, prenez son bras, menez-la au Doyenné, & hâtez la cérémonie. Entrez toujours dans le Parc : nous sommes tous deux de l'arrière-garde.

CAIUS.

Adieu ; je sai ce que j'ai à faire.

Mad. PAGE.

Bon succès, Docteur. (*En souriant*).

(*Caïus sort*).

SCENE III.

Les deux Femmes.

Mon mari se réjouira moins du tour qu'on prépare à Falstaff, qu'il ne se gendarmera du mariage de Nancy avec Caïus. Qu'importe ? Mieux vaut essuyer un peu d'humeur, que de sentir un long crève-cœur pour avoir mal établi ma fille.

Mad. FORD.

Où est-elle votre fille, menant sa troupe de farfadets ; & notre diable montagnard, le Prêtre Évans ?

Mad. PAGE.

Leur bande est assise dans une ravine voisine du chêne de Herne (†), avec des lanternes sourdes. Au moment où Falstaff viendra nous joindre, tout va se lever dans la nuit sombre, tout se déploiera à la fois.

(†) On montre encore le chêne de Herne dans la forêt de Windsor.

Mad. F O R D.

Il fera sûrement bien étonné !

Mad. P A G E.

S'il n'eſt pas ſurpris, il ſera honni ſans miſéri-corde. S'il eſt ſurpris, il ſera mieux honni encore, & châtié dans tous les ſens.

Mad. F O R D.

Quelle conjuration pour trahir un pauvre amant !

Mad. P A G E.

Punir de tels pendarts & leurs vices, n'eſt point une trahiſon.

Mad. F O R D.

L'heure approche. Au chêne, au chêne. (*Elles ſortent*).

SCENE IV.

ÉVANS *paroît à la tête de Lutins & de Fées.*

É V A N S.

Trottez, trottez, petites Fées : venez, & ſou-venez-vous bien de vos rôles. De la hardieſſe, je vous prie. Suivez-moi ſous la ramée. Quand j'entonnerai les mots myſtérieux, agiſſez comme je vous l'ai enjoint. Allons ; cheminez, cheminez.

(*Ils ſe cachent. Tout reſte en ſilence*).

SCENE V.

FALSTAFF *paroît habillé en Revenant, en loup-garou, portant des cornes de bouc, & traînant une chaîne.*

FALSTAFF.

L'HORLOGE de Windſor a ſonné minuit; & les minutes courent. —Dieux au ſang amoureux, aſſiſtez-moi maintenant. Souviens-toi, Jupiter, que tu devins taureau pour ton Europe : l'amour s'aſsît entre tes cornes. Souverain amour ! d'une bête tu fais ſouvent un homme; & plus ſouvent encore tu changes l'homme en bête : tu le ſais, Jupiter, toi qui te changeas en cygne pour une autre donzelle. O tout puiſſant amour ! combien le Dieu alors ſe rapprochoit de la nature des oiſons ! Dieu pétulant, le premier péché te mit ſur quatre piés. O Jupiter ! quelle métamorphoſe ! Mais le ſecond, plus brutal encore, traveſtit ta Déité en volaille. Souviens-t-en, bon Jupin. — Quand les Dieux ſont ſi laſcifs, que feront les pauvres humains ? Quant à moi, je ſuis cerf de Windſor,

DE WINDSOR.

Windſor, & je puis dire que cette forêt n'en vit jamais de ſi gras. Jupin, rafraîchis & calme mon automne, ou ne trouve pas mauvais que je dépenſe l'excès de mon embonpoint. Qui vient ici ? Eſt-ce ma biche ?

SCENE VI.

Madame FORD *paroît. Madame* PAGE *s'arrête à quelques pas.*

Mad. FORD.

Sir Jean, eſt-ce vous, mon joli cerf, mon beau cerf ?

FALSTAFF.

Oui, ma biche aux piés blancs. Pleuvez, patates (†). Ciel, tonne comme cent canons ! Qu'il tombe une grêle de dragées, avec une neige de prunes confites (¶) & de panicots (§) blancs ! Vienne une tempête d'amour ! Voilà mon aſyle ; je me ſauve ſous cet abri.

(†) Lorſque les premières patates furent apportées en Angleterre, on les regardoit comme de puiſſans Stimulans. *Steevens.*

(¶) *Kiſſing-confits ;* confitures de baiſers, parce qu'elles parfumoient l'haleine. *Steevens.*

(§) Sorte d'herbe.

Mad. FORD.

Savez-vous, aimable Lutin, que Madame Page m'accompagne? (*Madame Page s'avance*).

FALSTAFF.

Tendres belles, divisez-moi comme un fauve offert à deux Juges; prenez chacune une hanche. Je garde mes flancs pour moi-même, mes épaules pour mes rivaux (†) de ce bois. Quant à mes cornes, je les lègue à vos maris. Ha, ha : suis-je l'homme du bois? Sais-je imiter Herne le chasseur? — Allons, l'enfant Cupidon a quelque conscience; il fait restitution. — Comme il est vrai que je suis un esprit loyal, comptez sur un joyeux accueil! (*Un cri éloigné*).

Mad. PAGE.

Hélas! qu'ai-je entendu?

Mad. FORD.

O ciel! pardonne-nous nos fautes!

FALSTAFF, *effrayé*.

Qu'est-ce? Quoi donc? Qu'est-ce?

(†) *Pour le Garde du bois*. C'est à lui que cette partie appartient, comme le prix de son industrie. *Gray*.

Mad. FORD & *Mad.* PAGE.

Fuyons, fuyons. (*Les deux femmes se sauvent en courant*).

FALSTAFF, *seul*.

Je pense que le grand diable ne veut pas me voir damné. Il craint, sans doute, que l'huile contenue dans ma personne ne cause un incendie en enfer; autrement, il ne me traverseroit pas ainsi.....

(*Le bruit redouble ; Falstaff se cache derrière un arbre*).

SCENE VII.

Sir HUGUES *se présente le premier, paroissant d'une taille plus qu'humaine, & vêtu en Satyre. Un moment après,* QUICKLY *survient sous la forme d'une Fée.*

QUICKLY.

Vous, follets (†) au teint roux, gris, ou verd de prairie,
Danseurs si gais, folâtre compagnie
Du clair de lune & de la nuit :

(†) Il y avoit quelque chose d'agréable, & sur-tout de très-moral dans l'ancienne superstition, qui supposoit que les actions des hommes étoient veillées par certains Etres supérieurs, qui distribuoient à l'instant la récompense ou le châtiment.

Vous, Sylphes, peuple de Féerie,
Enfans adoptifs du destin,
Commencez votre rôle, & suivez le Lutin,
Qui décrit en criant son cercle de magie.

(*Tous les Génies & les Lutins paroissent déguisés avec des torches à la main*).

ÉVANS.

Oudins, soyez attentifs à vos noms :
Silence, frêles compagnons,
Enfans de l'air, ombres vaines.
Vous, grillon (†), quittant ces plaines,
Vous ramperez aux foyers de Windsor.
Quand vous verrez un feu qui brûle encor,
Les cheminées
Mal nettoyées ;
Pincez nos soubrettes au lit,
Tant que le blanc de leur sein flétri
Soit plus bleu que la violette.

QUICKLY.

Notre Reine aux doux rayons,
Hait la paresse, hait ces souillons (¶)
Qui laissent le balai pour écouter fleurette.

(†) Vers pris de la vieille balade, *Robin Good-Fellow*. *Gray.*

(¶) Les Esprits passoient pour avoir la mal-propreté en horreur. *Steevens.*

DE WINDSOR.

FALSTAFF, *bas, tremblant.*

Ce font des Lutins ! Diantre, quiconque les efpionne ou leur parle, mourra de mort fubite. Retiens ton fouffle, Falftaff, fi tu peux, & feins de dormir. (*Il fe laiffe tomber, & demeure le vifage collé contre terre*)..

ÉVANS.

Pede (†) eft-il prêt ? — Cours, vole, guette,
Où tu trouveras la fillette,
Qui trois fois avant fon fommeil
A dit fa prière fecrette.
Fais là fourire à fon réveil.
Que tous fes fens affoupis & tranquilles,
Du fommeil d'un enfant (¶) dorment jufqu'au matin.
D'un air frais careffe fon fein;
Mais pour les filles,
Qui ronflent fans penfer à leurs honteux péchés
Cachés,
Pique-leur de vives aiguilles,
Les bras, les flancs, le cou, le pié, la main.

QUICKLY.

Répandez-vous alentour ;
De Windfor cherchez la tour :

(†) Nom d'un Lutin.
(¶) C'eft une peinture allégorique de la différence du fommeil que goûte une confcience pure & fans remords, de celui d'une confcience coupable. Celle-ci eft une méchante compagne de nuit. *Miftriff. Griffith.*

Visitez-en l'entrée,
Et les cours & chaque salle habitée :
Versez-y par-tout le bonheur.
Que ce château plein de splendeur,
Égale ce monde en durée ;
Et que la Reine de notre cœur,
Y règne long-temps honorée !

ÉVANS.

Frottez..... (*Il reste court*).

PISTOL, *soufflant tout bas.*

des Chevaliers.

ÉVANS.

des Chevaliers....

PISTOL.

les stalles.

ÉVANS.

Frottez (†) des Chévaliers (¶) les stalles jaunissantes,
Du doux parfum des fleurs de ce bois enchanté.
Que les cimiers, les cottes brillantes
Reçoivent ce blason : *Amour*, *fidélité*.

(†) C'étoit autrefois un article de luxe en Angleterre, de frotter les tables d'herbes aromatiques. Pline dit que les Romains en faisoient autant pour chasser les mauvais Génies. *Steevens.*

(¶) Description curieuse de l'Ordre de la Jarretière & de la Chapelle de Saint-George de Windsor, où ils étoient instalés. *Gray.*

DE WINDSOR.

Et vous entonnerez
Vos chants des prés ;
La nuit, danſant en ligne circulaire,
Comme le rond de la Jarretière,
Vous chanterez vos chants divers,
Tracés en caractères verds,
Plus frais à l'œil que les prés d'Angleterre.

On y doit lire ſur un champ d'émeraude, certains mots brodés en fleurs bleues, incarnates, blanches, rivales des perles & des ſaphirs. On y doit lire : *Honni ſoit qui mal y penſe ;* termes fameux, fixés avec l'acier ſous le genou courbé de la Chevalerie. Les Fées écrivent avec des fleurs. (*Un grand bruit*).

QUICKLY.

Allons, diſperſez-vous.—

(FALSTAFF *relève furtivement la tête, & écoute*).

Mais avant l'aube du matin,
N'oublions pas notre danſe ordinaire,
Autour du chêne du chaſſeur.

ÉVANS.

Allons, vîte, enlaçons nos mains ;
Allons ſuſpendre au chêne d'Herne,
Cent vers luiſans en guiſe de lanterne,—
Pour éclairer nos pas & nos jeux enfantins.—
Mais arrêtez ! je ſens un mortel de la moyenne terre (†).

(†) Les Fées, ſuivant l'opinion reçue, habitoient ſous la terre : les Eſprits dans l'air, & les Hommes au milieu. *Johnſon.*

FALSTAFF.

Que les cieux me défendent de ce loup-garou Gallois, de crainte qu'il ne me transforme en boule de fromage. (*Falstaff cherche à s'esquiver en rampant : on l'attrape*).

ÉVANS.

Malheureux vermisseau,
Tu fus maudit dès ton berceau.

QUICKLY.

Esprits, que chacun le pique :
Touchons ses doigts du feu magique,
Du feu léger.
Si l'homme est pur, la flamêche égarée,
Descendra sur la terre en lame renversée,
Sans le blesser :
Mais si sa peau reste offensée,
Sa chair est le fourreau d'une ame gangrénée.

ÉVANS.

Une épreuve. — Esprits de ce lieu,
(*Ils approchent leurs flambeaux de Falstaff, qui crie : ils le brûlent & le pincent de tous côtés*).

ÉVANS.

Ce bois ne prendra-t-il pas feu ?

FALSTAFF, *mugissant*.

Oh ! oh ! oh !

QUICKLY.

QUICKLY.

Impur, fouillé, pêtri de vils défirs;
Qu'il foit lutiné : vengeance!
Mes sœurs, au chant d'une romance,
Pinçons-le toutes en cadence,
Pour le punir de ses honteux plaisirs.

ÉVANS.

Ce traitement est équitable. Le patient est plein de vices & d'obscénités.

UNE FÉE CHANTE.

Air.

Honte à la débauche coupable,
A la grossière volupté :
C'est un feu follet allumé
Par une fièvre criminelle,
Nourri dans l'ame mortelle,
Dont l'ardeur croît & monte au gré
De l'esprit qui la souffle ou qui la renouvelle.
Pincez d'accord,
Pincez fort.
Arrachons-lui ses voiles :
Vexez, pincez, brûlez : soyons tous ses bourreaux,
Tant que luiront la lune & les étoiles,
Et le feu pétillant de nos sacrés flambeaux.

(*Durant ce chant, on danse en rond autour de Falstaff, on le pince, on le grille en cadence. Le Docteur Caius arrive d'un côté ; il enlève une personne masquée*

& habillée de verd. Slender vient par une autre route, & enlève une personne vêtue de blanc. Fenton paroît aussi, & gagne pays à petit bruit avec Miss Anne Page. Un bruit de chasse se fait entendre : toutes les Fées s'enfuient. Falstaff arrache ses cornes de bouc : il veut se sauver).

SCENE VIII.

Messieurs PAGE & FORD *entrent; ils arrêtent* FALSTAFF. *Mesdames* PAGE & FORD *suivent. Tous les esprits reparoissent successivement sans masque.*

PAGE.

Non, non, beau chasseur, ne fuyez pas ainsi. — Je crois que nous vous avons bien attrapé cette fois. Ne pouvez-vous faire d'autre rôle que celui de Herne le chasseur ?

Mad. PAGE.

Je vous prie, venez : mettons fin à la comédie. (*Elle se démasque*). Eh bien, Sir Jean, que dites-vous maintenant des femmes de Windsor ? Et vous, époux, qui voyez ces emblêmes (*montrant les cornes*

DE WINDSOR.

dans la main de Falſtaff), ne conviennent-ils pas mieux à la forêt, qu'à la ville & dans nos familles ?

FORD.

Eh bien, Sir, qui de nous deux eſt le ſot ? Que va dire le pauvre Monſieur Broc ? Je l'entends dire : » Vous êtes un fat, Sir Falſtaff ; vous êtes un poltron & » un capricorne, Sir Falſtaff : en voilà l'armure dans » vos mains ». Et qu'avez-vous hérité de Monſieur Ford, que ſon pannier à leſſive, ſon bâton, & vingt-livres ſterlings d'argent, qu'il faudra rendre à M. Broc ? Ses chevaux ſont ſaiſis pour gage, M. Broc.

Mad. FORD.

Parbleu, Sir Jean, le malheur nous en veut bien ; nous n'avons jamais pu parvenir à un rendez-vous paiſible. Allons, je ne vous prendrai plus pour mon galant ; mais vous ſerez toujours mon beau cerf de Windſor.

FALSTAFF, *tout confus.*

Je commence à voir qu'on a fait de moi.... un baudet.

Mad. FORD.

Oui ; & un bouc auſſi : en voilà les preuves viſibles. (*Montrant les cornes*).

FALSTAFF.

Et voilà donc ces Fées ? J'ai eu deux ou trois fois

l'idée que ce n'étoient rien moins que des Fées ; & cependant les remords (†) de ma conscience, le faisissement soudain de toutes mes facultés, m'ont aveuglé sur la grossiéreté du piége, & m'ont fait croire, dur comme fer, en dépit du bon sens & de la raison, que c'étoient des Fées. Voyez donc comme l'esprit peut faire de nous un sot, quand il est mal employé.

ÉVANS.

Allez, Sir Jean Falstaff; servez Dieu, je vous le conseille ; renoncez à vos désirs impurs, & les Fées ne vous pinceront plus.

FORD.

Bien dit, beau génie !

ÉVANS à FORD.

Et vous, renoncez à vos jalouses fureurs, je vous en prie.

FORD.

Jamais il ne m'arrivera de me défier de ma femme, que lorsque vous serez en état de lui faire votre cour en bon Anglois.

(†) La nature de la crainte ou du crime, est de troubler quelquefois notre raison & nos sens, jusqu'à nous faire prendre les apparences pour des réalités. *Mistriss. Griffith.*

FALSTAFF.

Me suis-je donc desséché, brûlé le cerveau au soleil, au point qu'il n'y reste pas assez de sens pour échaper à un piége aussi grossier? Un ours Gallois sera donc mon maître & m'aura fait sa dupe? Et faudra-t-il que je sois coëffé d'un bonnet de fol de sa façon? Il seroit grand temps qu'on m'étranglât avec une boule de fromage grillé.

ÉVANS.

Le fromage n'est pas bon avec le beurre; & votre ventre est de beurre.

FALSTAFF.

Fromage & beurre! Ai-je tant vécu, pour servir de jouet à un imbécille qui estropie notre Anglois? En voilà plus qu'il ne faut pour ruiner de réputation par tout le Royaume, la débauche & les courses nocturnes.

Mad. PAGE.

Hé quoi, Sir Jean, pensez-vous que quand même nous aurions banni la vertu de nos cœurs, pour donner tête baissée dans le vice, & que nous aurions voulu nous damner sans scrupule, le Démon eût jamais pu nous rendre amoureuses de vous?

FORD.

Oui, d'une énorme baleine, d'un balot d'étoupes soufflées?

Mad. P A G E.

D'un homme essoufflé & asthmatique?

P A G E.

Vieux, glacé, flétri, & d'une bedaine intolérable.

F O R D.

Et d'un vaurien qui a une langue de satan !

P A G E.

Et aussi pauvre que Job !

F O R D.

Et aussi méchant que l'étoit sa pigriéche de femme.

É V A N S.

Et livré aux fornications, aux tavernes, au vin, à la crapule, aux liqueurs fortes ; toujours buvant, jurant, dans les orgies & les disputes de cabaret.

F A L S T A F F.

Fort bien, je suis votre jouet : vous avez l'avantage sur moi ; je suis confondu ; je ne suis pas même en état de répondre à ce bélître de Gallois, & l'ignorance même me foule aux pieds. Traitez-moi comme il vous plaira.

F O R D.

Vraiment, Sir, nous allons tout uniment vous

conduire à Windsor, à un Monsieur Broc à qui vous avez filouté de l'argent, & dont vous avez consenti à vous faire l'infâme agent. Avec tout ce que vous avez déja souffert, j'imagine que rendre cet argent sera pour vous une peine cruelle.

Mad. FORD.

Allons, mon époux, laissez-lui cet argent pour dédommagement : abandonnez-lui cette somme; & comme cela nous ferons tous amis.

FORD, *offrant sa main à Falstaff.*

Allons, soit; voilà ma main : qu'il n'en soit plus question; tout est pardonné.

PAGE.

Consolez-vous, Chevalier, je veux vous régaler ce soir chez moi (†), & je désire vous y voir rire aux dépens de ma femme (¶), comme elle rit maintenant aux vôtres : dites-lui à l'oreille, que Monsieur Slender vient d'épouser sa fille.

___

(†) *D'un posset*; breuvage à l'Angloise, composé de vin sec, de crême, de muscade, d'œufs bien battus & de sucre.

(¶) Les deux intrigues sont bien liées ensemble, & la transition qui mène à la solution de la seconde se fait très-heureusement dans ce Dialogue. *Johnson.*

Mad. P A G E, *à part.*

Le Docteur en doute : s'il est vrai qu'Anne Page soit ma fille, elle est aussi l'épouse du Docteur Caïus.

SCENE IX.

Les mêmes. Arrive SLENDER.

SLENDER.

OH! oh! oh! mon beau-père M. Page.

PAGE.

Hé bien, mon fils, tout est-il fait?

SLENDER.

Oui, fait.... Je défie le plus habile homme de tout le Comté de Glocestre d'y rien connoître, ou je veux être pendu, là, voyez-vous.

PAGE.

Et de quoi s'agit-il donc, mon fils?

SLENDER.

J'arrive là-bas à Éaton pour épouser Mademoiselle Anne Page ; & au lieu d'elle, c'est un grand & gros garçon. Oh, s'il n'avoit pas été dans l'Église comme

il

DE WINDSOR.

il y étoit, je vous l'aurois étrillé, ou il m'auroit étrillé. Si je n'avois pas cru que c'étoit Anne Page, que je ne bouge jamais de la place ; & c'est un fils de Maître de Postes !

PAGE.

Sur ma vie, vous vous êtes donc mal adressé ?

SLENDER.

Eh! qu'avez-vous besoin de me le dire ? Je le sais bien, morbleu ! puisque j'ai pris un garçon pour une fille. Si je m'étois marié à lui ! Non, je ne voudrois pas de lui pour tout ce qu'il avoit sur lui de parure de femme.

PAGE.

C'est votre sottise. Ne vous avois-je pas dit comment vous reconnoîtriez ma fille à la couleur de ses habits ?

SLENDER.

Je me suis adressé à celle qui étoit vêtue de blanc ; je lui ai crié *hom*, & elle m'a répondu *bouget*, comme nous en étions convenus, Miss Anne & moi ; & cependant ce n'étoit pas Miss Anne, mais le fils d'un Maître de Postes.

ÉVANS.

Cheshu ! Est-ce que vous n'avez pas d'yeux : pour aller épouser un garçon ?

PAGE.

Oh! je suis cruellement affecté. Que ferai-je?

Mad. PAGE.

Cher George, ne prenez pas d'humeur, je savois votre dessein : en conséquence, j'ai changé l'ordre, & fait habiller ma fille en verd ; & je puis vous assurer qu'elle est maintenant au Doyenné avec le Docteur, & que là ils s'épousent tous les deux.

SCENE X.

Les mêmes. Arrive le Docteur CAIUS, *courant.*

CAIUS.

Ou est Miss Anne Page? Morbleu! je suis attrapé; j'ai épousé un garçon, un paysan; ce n'est point Anne Page. Mort de ma vie, je suis attrapé.

Mad. PAGE.

Quoi! ne vous êtes-vous pas adressé à la Fée vêtue de verd?

CAIUS.

Eh! sans doute : & c'est un garçon. Par l'enfer, tout Windsor le saura. (*Il sort furieux*).

DE WINDSOR.

FORD.

Voilà qui eſt étrange! Qui donc aura emmené la véritable Anne Page?

PAGE.

J'ai un certain preſſentiment.... Voici M. Fenton qui vient.

SCENE XI.

Les mêmes. Arrivent Monſieur FENTON *& Miſſ* ANNE PAGE.

PAGE.

Hé BIEN; Monſieur Fenton?

Miſſ ANNE, *ſe proſternant à genoux.*

Pardon, mon bon père; ma tendre mère, pardon.

PAGE.

Quoi? Mademoiſelle, comment arrive-t-il que vous ne ſoyez pas avec M. Slender?

Mad. PAGE.

Par quel haſard n'êtes-vous pas avec M. le Docteur, jeune fille?

FENTON.

Vous la consternez : écoutez-moi, vous allez savoir la vérité de tout. Chacun de vous la marioit misérablement, sans qu'il y eût aucun amour mutuel. La vérité est, qu'elle & moi, depuis long-temps, voués l'un à l'autre, sommes maintenant si sûrs de notre union, que rien ne peut la rompre. La faute qu'elle a commise est vertu ; & cette fraude innocente ne doit point être traitée, ni de supercherie criminelle, ni de désobéissance, ni de manque de respect, puisque par elle, votre fille évite des jours de malheur & de malédiction, que lui auroit fait passer un mariage forcé.

FORD, à *Page*.

Allons, ne restez pas interdit ; il n'y a pas de remède contre l'amour : c'est le ciel qui guide les cœurs ; l'argent achete les terres, le sort donne les femmes.

FALSTAFF.

Je suis content de voir qu'en ne voulant que tirer sur moi seul, quelques-uns de vos traits sont retombés sur vous.

PAGE, à *sa femme*.

Allons, en effet quel remède (†) ? — Allons,

(†) Dans la première esquisse de cette Pièce, il y a un sentiment que l'Auteur ou les Comédiens ont supprimé, & que

M. Fenton, que le ciel vous fasse prospérer ! Il faut bien accepter ce qu'on ne peut éviter.

ÉVANS.

Je me promets de danser & de me régaler de dragées à vos nôces.

FALSTAFF.

Quand les chiens de nuit courent, toutes espèces de bêtes sont prises.

Mad. PAGE, *regardant sa fille.*

Allons! je me rends aussi. — M. Fenton, que le

---

regrette Johnson. Au moment où Fenton amène sa jeune épouse, voici quel étoit le Dialogue :

Mad. *Ford.* Allons, Madame Page, il faut que je vous déclare ma pensée : il y a de la cruauté à vouloir séparer deux amans qui s'aiment si tendrement.

Mad. *Page*, *à part.* Quoique je sois trompée dans mes vues, je sens du plaisir à voir mon mari éconduit dans les siennes. — Allons, M. Fenton, prenez ma fille, je vous la donne.

Évans. Allons, Monsieur Page, il faut bien que vous y consentiez.

Ford. Sûrement, M. Page. Allons, vous voyez que votre femme en est contente.

Page. Je ne sais trop.... Cependant, mon cœur est un peu soulagé; & ce qui me console, c'est que le Docteur est éconduit. Allons, approchez, M. Fenton; & vous aussi, ma fille; venez, soyez heureux.

ciel vous accorde de longs & heureux jours ! Mon cher époux, allons tous au logis, & allons-nous réjouir devant un feu pétillant, tous ensemble; & Sir Jean fera aussi de la nôce.

FORD.

Soit fait. — Allons, Chevalier, vous avez tenu parole au pauvre M. Broc : il couchera ce soir avec Madame Ford.

(*Tous sortent*).

Fin du cinquième & dernier Acte.

DE WINDSOR.

Observations générales sur cette Pièce.

IL y a sur cette Pièce une tradition conservée par M. Rowe : c'est qu'elle a été composée d'après l'ordre de la Reine Élisabeth, qui fut si enchantée du caractère de Falstaff, qu'elle souhaita le revoir encore dans d'autres pièces. Pour varier son rôle, elle conseilla au Poëte de le présenter amoureux. Il n'est point de tâche plus difficile que celle d'écrire d'après les idées d'autrui. Shakespear prévoyoit ce que la Reine ne savoit pas; en donnant à Falstaff une passion sérieuse, c'étoit lui ôter son amour personnel, sa gaieté abandonnée, son indolence & son penchant à la débauche. Falstaff ne pouvoit aimer, sans cesser d'être Falstaff : il pouvoit tout au plus contrefaire l'amour, & il falloit exciter ses facultés, non par l'espérance du plaisir, mais par celle de l'argent. De cette manière, le Poëte approcha aussi près qu'il étoit possible, de la tâche qui lui étoit imposée. Cependant comme il avoit peut-être rempli complétement, dans les premières pièces, toute son idée sur ce caractère, il paroît qu'il lui fut impossible de lui donner dans celle-ci le même piquant & la même gaieté.

Cette Comédie est remarquable par le nombre & la variété des personnages, qui offrent peut-être plus de caractères distincts & bien prononcés, qu'aucune autre pièce.

Je ne puis décider avec certitude, si Shakespear est le premier qui ait introduit sur le Théatre Anglois l'idée de corrompre & d'estropier la langue & son accent par une prononciation provinciale ou étrangère. Dans les trois Ladys de Londres, en 1584, il y a le caractère d'un Marchand Italien, fortement marqué par une prononciation étrangère. Le Docteur d'Odypole, dans la Comédie qui porte son nom, est comme Caïus, un Médecin François. Dans plusieurs autres pièces plus anciennes que la première de Shakespear, on trouve de pareils caractères provinciaux introduits sur la scène. *Steevens.*

Évans parle la Dialecte Galloise : circonstance qui, dans l'original, répand un ridicule de plus sur ses discours, & devoit le rendre plaisant pour le peuple Anglois, comme l'est sur notre scène un Anglois qui estropie le François. Ce ridicule n'a pu passer dans la traduction Françoise, ni être remplacé par un langage trivial. J'ai seulement, pour l'indiquer, changé le *b* en *p*, & quelques autres lettres, dans la prononciation de ce Curé Gallois. Cette espèce de ridicule ne peut faire d'honneur qu'au premier Inventeur; car elle ne demande ni esprit ni jugement. Son succès dépend presque en entier de l'Acteur : mais lorsqu'il est manié avec un organe & un art convenables, il fait impression même sur celui qui le méprise.

La conduite de ce Drame est un peu défectueuse : l'action commence & finit souvent avant la conclusion, & l'on pourroit en déplacer différentes parties, sans beaucoup d'inconvénient. Mais son effet général, ce pouvoir par lequel il faut enfin juger tous les ouvrages du génie, est tel que peut-être il n'y a jamais eu de Lecteur ni de Spectateur qui n'ait trouvé que la pièce finissoit trop vîte. Elle a beaucoup de jeu de Théatre, d'incidens & de caractères. *Johnson.*

NOTES

DE WINDSOR.

NOTES.

ACTE PREMIER.

(1) Il y a quelques incidens dans cette Comédie, qui peuvent avoir été empruntés de quelque vieille traduction du *Il pecorone* de Jean Fiorentino. On trouve une histoire à-peu-près semblable, dans les *Piacevoli notti di Straparola*. Les aventures de Falstaff peuvent avoir été tirées de l'histoire des *Amans de Pise*, dans une ancienne pièce appellée, *les Nouvelles du Purgatoire*, par Tarleton.

M. Warton observe qu'il n'est pas probable que cette pièce ait été composée avant 1607.

(2) C'est à l'ordre de la Reine Elisabeth que nous devons cette Comédie. M. Gildon dit être bien sûr, qu'elle fut faite en quinze jours : mais sûrement il n'entend que la première & imparfaite esquisse de la pièce. *Pope* & *Théobald*.

(3) Cette Pièce est la première de celles de Shakespear, où un Ministre soit appellé *Sir*. Anciennement ce titre étoit commun aux Chevaliers & aux Ecclésiastiques qui étoient dans les ordres sacrés. Fuller remarque qu'autrefois, en Angleterre, il y avoit plus de *Sirs* que de Chevaliers. *Hawkins*.

(4) Allusion à un statut fait sous le règne de Henri IV, qui porte : Que les Juges de Paix, au nombre de deux ou trois, avec le Shériff, certifieront devant le Roi & son Conseil, toutes les circonstances du délit, nommément du *Riot* (violence de libertins) ; & que ce certificat auroit la même valeur que la dénonciation de douze Juges. *Gray*.

Tome X.   F f

(5) *Cotfale*; bévue de l'idiot Slender, au lieu de *Cotfwold*, dans le Comté de Glocefter. Au commencement du règne de Jacques premier, un nommé Dover, Avocat de Barton, par permiſſion du Roi, inſtitua ſur les collines de Cotſwold des jeux annuels, qui étoient des exercices ruſtiques de différente eſpèce. Il y préſidoit en perſonne, revêtu de vieux habits royaux : ces jeux furent célèbres. La Nobleſſe & les Payſans y venoient de plus de ſoixante mille à la ronde : ils durèrent juſqu'à la grande rébellion, qui abolit tout établiſſement honnête. Ceci donne l'explication d'un autre paſſage, où Falſtaff appelle un homme robuſte, un *homme de Cotſwold*. Il s'enſuit de ce fait, que cette Comédie n'a pas été compoſée avant 1607.

On a une collection de Poëmes, où ces jeux ſont décrits ſous ce titre, *the Cotſwold muſe*. *Warton*.

(6) Si, comme il y a toute probabilité, c'eſt par l'ordre d'Eliſabeth que Shakeſpear a compoſé cette Comédie, il paroît qu'elle doit être poſtérieure à 1598.

Cette mention qu'il fait de la Guyane, que les Anglois n'ont découverte que fort tard, étoit un compliment à Sir Walter Raleigh, qui ne commença ſon expédition dans la mer du Sud qu'en 1595, & revint en 1596, avec une relation avantageuſe des richeſſes de la Guyane. Ce trait devoit faire une vive impreſſion ſur les Spectateurs, tout échauffés de cette nouvelle découverte, & de l'eſpérance des tréſors qu'on y annonçoit. *Théobald*.

(7) *Eſcheatour*; Officier de l'Échiquier, chargé de recueillir les Droits d'Aubaine, & mal voulu du petit peuple. *Warburton*.

ACTE II.

(1) C'eſt un ſentiment très-naturel pour une ame honnête qui ſe voit eſſuyer un affront de cette eſpèce. Il convient, en pareille occaſion, de deſcendre dans ſa conſcience, pour examiner quelle

partie de notre conduite, quelle imprudence pourroient avoir encouragé l'offense : & sur un examen impartial, nous trouverons plus souvent, que c'est plutôt notre indiscrétion que nos appas, qui provoquent l'attaque. *Mistriss. Griffith.*

(2) Le traître Rolland York, qui livra Deventer aux Espagnols, en 1587, étoit de Londres. Il étoit fameux parmi les tapageurs de son tems, pour avoir introduit une nouvelle méthode de se battre à la pointe avec une courte épée. On admira sa hardiesse. Avant lui, l'usage étoit de se battre avec de petits boucliers & de larges épées, dont on frappoit au lieu de pointer; & l'on ne pouvoit, sans se déshonorer, frapper au-dessous de la ceinture. *Malone.*

(3) Du tems du Poëte, les éventails étoient d'un plus grand prix qu'aujourd'hui, & d'une forme différente : ils étoient faits de plumes d'Autruche ou d'autres aussi longues & aussi mobiles, qui étoient réunies & fixées dans un manche. Les beaux étoient d'or, d'argent ou d'ivoire, avec un riche travail. Cette mode avoit été probablement apportée d'Italie, avec quantité d'autres, sous le règne de Henri VIII, ou même de Richard II. On présenta à la Reine Elisabeth, pour présent du nouvel an, un éventail dont le manche étoit garni de diamans. Ces éventails coûtoient quelquefois quarante guinées. *Malone & Warton.*

Acte III.

(1) Ce que chante Evans, fait partie d'un joli petit Poëme de Shakespear, que le Lecteur ne sera pas fâché de trouver ici en entier.

Le Berger amoureux & riche, à une Bergère.

Viens vivre avec moi, & sois ma Bergère; & tout ce qu'il y a de plaisirs sur les côteaux, les vallons & les plaines, & sur le penchant des montagnes escarpées, nous les goûterons ensemble.

Là, tous deux assis sur un même rocher, nous contemplerons les Bergers faisant paître leurs troupeaux : au bord des clairs ruisseaux, près des cascades de leurs ondes, nous entendrons les mélodieux oiseaux chanter leurs tendres chansonnettes. Là, sur le gazon, je te ferai des lits de roses, mille devises odorantes, un chapeau de fleurs, un voile tressé de feuilles de myrthe, une robe tissue de la plus fine laine que donne la toison de nos jeunes agneaux, de jolies mules brodées pour le froid des hivers, avec des boucles de l'or le plus pur, une ceinture tissue de paille & de boutons de lierre, avec des agraffes de corail & des clous d'ambre. Tous les jours des plats d'argent, remplis de mets aussi délicieux que ceux qu'on sert à la table des Dieux, seront servis sur une table d'ivoire, pour ma Bergère & moi. Si ces plaisirs peuvent te toucher, viens vivre avec moi, & sois ma Bergère. Les Bergers chanteront & formeront des danses pour t'amuser, chaque matin du mois de Mai. Si ces plaisirs peuvent toucher ton cœur, viens vivre avec moi, & sois ma Bergère.

Réponse de la Bergère.

Si le monde & l'amour étoient jeunes, & si la vérité étoit toujours sur la langue des Bergers, ces doux plaisirs pourroient me toucher & m'engager à vivre avec toi, & à être ta Bergère : mais le tems chasse les troupeaux de la plaine à la bergerie, quand les rivières s'enflent courroucées, & que les rochers se couvrent de glaces : alors le rossignol est muet, & tout les Etres se plaignent des maux à venir. Les fleurs se flétrissent, & la plaine, n'aguères riche & voluptueuse, rend un compte rigoureux au farouche hiver. Une langue de miel, un cœur de fiel. Beaux rêves de l'imagination, qui finissent par les chagrins!

Quant à tes robes, ta chaussure, ton lit de roses, ton chapeau, ta ceinture, & tes devises flatteuses ; les unes s'usent, les autres se flétrissent, les autres s'oublient. Les plaisirs fleurissent dans l'âge de la folie, & se

DE WINDSOR. 229

corrompent dans l'âge de la raifon. Ta ceinture de joncs, de paille, & tes boutons de lierre, tes agraffes de corail & tes clous d'ambre, tous ces appas ne peuvent me toucher ni m'engager à vivre avec toi, & à être ta Bergère. Mais fi la jeuneffe pouvoit toujours durer, & que l'amour pût toujours croître; que les plaifirs n'euffent point de terme, ni la vieilleffe de befoins, alors ces plaifirs pourroient me toucher, & je pourrois vivre avec toi, & je ferois ta Bergère.

(2) Il eft affez probable que Shakefpear pourroit avoir eu envie ici de lancer quelques traits contre la corpulence & l'intempérance de Benjonfon, dont on raconte le trait fuivant. M. Lambden l'avoit recommandé à Sir Walter Raleigh, qui lui confia l'éducation de fon fils aîné. Le jeune Walter, d'un caractère pétulant, ne pouvoit fouffrir la dureté de fon maître. Malheureufement, Ben, qui aimoit la joie & les fociétés de bouteille, avoit contracté l'habitude de boire jufqu'à s'enivrer au dernier excès; & c'étoit un des vices que Sir Raleigh abhorroit le plus, & contre lequel il avoit le plus déclamé. Un jour que Ben en avoit pris outre mefure, & qu'il étoit tombé dans un fommeil profond, le jeune Raleigh le fit mettre dans un pannier par deux hommes, qui ayant paffé un bâton dans l'anfe, le chargèrent fur leurs épaules, & le portèrent ainfi au père, en lui difant, que leur jeune maître lui envoyoit fon Gouverneur. *Steevens*.

(3) *Eyas-Musket*. Eyas, eft un jeune Faucon pris au nid, fans plume; de l'Italien, *Niafo*. C'eft de-là que les François ont pris leur mot *niais*, qui avoit d'abord les deux fignifications; celle d'un jeune oifeau, & celle d'un jeune garçon imbécille. *Musket*, fignifie un *Faucon-moineau*, ou de la plus petite efpèce : il vient auffi de l'Italien *Mufchetto*, petit Faucon: ce mot originairement fignifioit une petite mouche importune, & armée d'un dard. Ce nom eft plaifamment donné au jeune Page de Falftaff. *Warburton*.

(4) *J'aimerois mieux être mise toute vive dans la terre*, &c. Allusion à une horrible coutume du Mogol. L'Empereur ayant surpris une de ses femmes surannées & un de ses eunuques s'embrassant, il ordonna qu'on l'enterrât toute vive jusqu'à la tête, qui resteroit exposée à un soleil brûlant : elle vécut un jour & une nuit dans cet horrible tourment, & poussant les cris les plus affreux. L'eunuque fut haché en pièces dans le même lieu, sous les yeux de cette malheureuse. *Gray.*

Acte V.

Scène *V*, page 200.

Shakespear avoit peut-être en vue l'argument que Chérée emploie dans une circonstance semblable, dans le troisième acte de l'Eunuque de Térence.

Quia consimilem luserat
Jam olim ille ludum, impendio magis animus gaudebat mihi,
Deum sese in hominem convertisse, atque per alienas tegulas
Venisse clanculum per impluvium, fucum factum mulieri.
At quem Deum? Qui templa cœli summa sonitu concutit.
Ego homuncio hœc non facerem? Ego verò illud ità feci, ac lubens.

RETRANCHEMENS *dans la Comédie des Femmes joyeuses de Windsor.*

(*) Ce passage est un des plus obscurs de tous ceux du Poëte : il a fait le tourment des Commentateurs. M. Eschemburg, dans sa traduction Allemande, l'a totalement passé, comme inintelligible & intraduisible. On a substitué ici une espèce d'équivalent, d'après l'idée du Poëte & l'esprit de la Scène. Le voici tel qu'il est dans l'original, en mettant des mots François sur les mots Anglois, sans même répondre de leur justesse, ni que cela fasse quelque sens pour un Lecteur François.

Slender. Ceux qui viendront après lui, peuvent le faire. Ils peuvent mettre une douzaine de *Luces* blanches dans leur casaque.

Shallow. C'est une vieille casaque!

Évans. Une douzaine de *Louses* blancs conviennent fort bien à une vieille casaque. (Équivoque de *Luce* , *Brochet* , avec Louse , qui signifie , *poux, vermine*). Cela va fort bien ensemble : c'est une bête familière à l'homme, & signifie , *amour.*

Shallow. La Luce est poisson frais ; & le poisson salé est une vieille casaque.

Voyons à présent ce que disent les Commentateurs.

Je ne vois aucune liaison dans cette réponse. Peut-être faut-il lire : Le poisson salé n'est pas une vieille casaque ; c'est-à-dire , le poisson frais est la casaque d'une famille ancienne , & le poisson salé est une casaque d'un Marchand enrichi par le commerce de mer. *Johnson.*

Shakespear , en donnant à entendre que les armes des Shallows & des Lucys étoient les mêmes , montre par-là qu'il n'avoit pas oublié son ancien ami Thomas Lucy, qu'il désigne sous le caractère du Juge Shallow. Pour en donner une preuve sans réplique, Shakespear nous donne ici un signe caractéristique, qui démontre que Sir Thomas étoit la personne même représentée dans le rôle de Shallow. Pour redresser la méprise d'Évans , Shallow lui dit que la *Luce* n'étoit pas la *Louse* , mais le poisson frais ou le Brochet : équivoque dont le vrai sens est , si je ne me trompe , que la famille des Charlcott avoit originairement du poisson salé dans ses armoiries. Mais lorsque Guillaume, fils de Walter de Charlcott, prit le nom de Lucy, sous le règne de Henri III, il prit les armes des Lucys. Cette conjecture n'est pas sans fondement : car nous trouvons que , lorsque Maud Lucy légua ses biens aux Percy , ce fut sous la condition qu'ils joindroient ses armes avec les leurs. Guillaume de Charlcott prit le nom de Lucy pour obliger sa mère; & il est probable qu'avec le nom il en prit aussi les armes. *Smith.*

Je ne suis point satisfait de tout ce que dit M. Smith sur ce passage difficile. Je ne sache point que le poisson salé ait jamais été porté dans le blason. J'imagine que la dernière partie de ce discours doit être mise dans la bouche de Sir Hugues. Shallow avoit dit auparavant, la casaque est une vieille casaque; & aujourd'hui c'est la *Luce*, le poisson frais. — Non, répond le Ministre, elle ne peut être vieille & fraîche à la fois : le poisson salé est une vieille casaque. Je crois d'autant plus à cette méprise, qu'elle se trouve plus bas, où le mot *pauca*, que répond le caporal Nym, doit être donné à Évans. Une méprise semblable se trouve encore ailleurs. *Farmer.*

Shakespear paroît ici se jouer sur le blason, avec le dessein d'être obscur & presque inintelligible. *Tollet.*

M. Guillaume Oldys, un des Auteurs de la Biographie Britannique, parmi les anecdotes qu'il a laissées pour servir à la vie de Shakespear, dit qu'il y avoit dans le voisinage de Stratford un vieillard fort âgé, qui outre la tradition conservée dans le pays, se souvenoit aussi de la première stance d'une balade satyrique que Shakespear avoit composée contre son vindicatif Gentilhomme, dont le sens consiste dans l'équivoque de *Lucy* & *Lousy* (*pouilleux*). *Steevens.*

Acte IV.

Scène première, page 156.

(*2) Mad. *Page.* Sir Hugues, mon mari, prétend que mon fils n'apprend rien au monde, & qu'il ne sait pas un mot de son livre. Je vous prie, faites-lui quelques questions sur son rudiment.

Évans. Venez-çà, Williams, — Allons, tenez votre tête droite. — Venez.

Mad.

Mad. *Page*. Approchez, enfant; tenez votre tête droite, répondez à votre maître. Ne vous intimidez point.

Évans. Williams, combien y a-t-il de nombres dans les noms?

Williams. Deux.

Quickly. En vérité, je croyois qu'il y en avoit encore un de plus, à cause....

Évans. Trêve de babil, bonne Quickly. En latin, *beau*, Williams?

Williams. Pulcher.

Quickly. Poulcats (†)! Il y a de plus belles choses dans le monde que des poulcats, j'en suis sûre.

Évans. Vous êtes une femme bien simple : je vous prie, faites silence. Et que signifie *lapis*, Williams?

Williams. Une pierre.

Évans. Et qu'est-ce que c'est qu'une pierre, Williams?

Williams. Un caillou.

Évans. Non, c'est une pierre. Je vous prie, mettez bien cela dans votre tête.

Williams. Lapis.

Évans. Bon ; cela est fort bien, Williams. — Qu'entend-on par les articles?

Williams. Les articles sont empruntés du pronom, qui se décline ainsi : singulariter nominativo, *hic*, *hæc*, *hoc*.

Évans. Hig, *hag*, *hog*. Je vous prie, faites bien attention : génitivo, *hujus*. Et l'accusatif, quel est-il ?

(†) Quickly, au lieu de *pulcher*, entend poulcats ou polecats, qui signifie, *putois*.

Tome X.   G g

Williams. Accufatif, *hunc.*

Évans. Je vous prie, enfant, fouvenez-vous bien, *hung, hang, hog.*

Quick'y. Hang, *hog* (fufpendez le cochon) eft, je vous le jure, du latin de cuifine. (De jambon, *Bacon* (†)).

Évans. Ceffez vos propos, femme. Quel eft le cas vocatif, *Williams* ?

Williams. O, vocativo, o.

Évans. Souvenez-vous bien, enfant; le vocatif eft *caret* (¶). (Le vocatif manque).

Quickly, qui prend *caret* pour *carotte.* C'eft une fort bonne racine.

Évans. Femme, taifez-vous donc.

Mad. *Page.* Faites filence.

Évans. Quel eft votre génitif pluriel ?

Williams. Le génitif.

(†) *Hog*, fignifie cochon, & *Bacon*, jambon.
Nicolas Bacon étant Juge du Territoire du Nord, condamnoit un jour des malfaiteurs au fupplice : un d'eux l'importunoit par toutes fortes de raifons & de prières, & le conjuroit de lui fauver la vie. Voyant que tout ce qu'il pouvoit dire étoit inutile, il finit par demander fa grace, fous prétexte qu'il étoit parent du Juge. Ah ! de grace, lui dit Bacon, par quel hafard fommes-nous parens ? Le voici, Milord, répondit-il ; votre nom eft Bacon (jambon), & le mien eft Hog (cochon) ; & de tout tems, hog & bacon furent parens inféparables. Fort bien, répliqua le Juge : mais vous & moi ne pouvons être parens qu'après que vous ferez pendu ; car le cochon ne devient jambon qu'après qu'il eft pendu. *Apophtegmes de Lord Bacon.*

(¶) *Caret* eft un mot latin qui fignifie *manque*, & qu'on trouve dans le rudiment au cas du vocatif, lorfque le nom n'a point de vocatif : & l'imbécille de pédant Évans prend ce mot pour le vocatif même ; & la confonance de ce mot donne lieu à l'équivoque de Quickly.

Retranchemens de la seconde partie d'Henri IV.

Acte II.

Scène IX.

*) *Premier Garçon*. Que diable as-tu apporté là ? Des poires de Messire-Jean (†) ? Tu sais que Sire Jean ne peut pas souffrir les Messire-Jean.

Second Garçon. Par Dieu tu as raison ; car le Prince lui mit un jour devant les yeux une assiette de Messire-Jean, & lui dit que cela faisoit cinq autres Sire Jean avec lui : & ôtant son chapeau, il dit, je m'en vais prendre congé de ces six vieux, secs, ronds & fanés Sir Jean. Cela l'a fâché jusqu'au cœur, mais il n'y songe plus.

Premier Garçon. Hé bien, couvre-les donc, & les mets sur la table !

Scène XI.

(*) *Dorothée*. Comment, indigne coquin ; est-ce ainsi que vous me consolez ?

Falstaff. Vous faites vos coquins (¶) bien gras, Madame Dorothée.

Dorothée. Moi, je les fais ? C'est la gourmandise qui les fait.

Falstaff. Si le cuisinier travaille pour la gourmandise, c'est vous du moins qui . . . . Vous m'entendez, Dorothée ; ces pré-

---

(†) *Apple-john*. Cette poire se garde deux ans ; mais elle se creuse & devient toute ridée. En France, on l'appelle *deux ans*. *Steevens*. M. Eschenburg pense que ce pourroit être quelque espèce de pâtisserie, qui vint à l'esprit du Poëte, à cause de la ressemblance de nom avec celui de Falstaff.

(¶) Équivoque sur le mot *rascal*, qui signifie *canaille*, *coquin*; & en terme de chasse, *maigre*. *Johnson*.

sens nous viennent de vous, Dorothée; oui, de vous: conviens-en, ma pauvre vertu; conviens-en.

Dorothée. Vous gagnerez de nous.... Oui, nos chaînes & nos bijoux.

Faiſtaff. Vos bijoux (†), vos diamans (¶), & toutes vos pretintailles; car pour ſervir courageuſement, comme vous ſavez, il faut revenir de la brèche en brave; & après la bleſſure, il faut s'armer de courage contre le fer d'Eſculape.

(*) *L'Hoteſſe.* Ma foi, vous êtes bien tous deux auſſi acariâtres que deux rôties de pain grillé (§): vous ne ſauriez ſupporter les infirmités l'un de l'autre. De par tous les diables, il faut bien que l'un ſupporte l'autre; & ce doit être vous, Dorothée: vous êtes la plus foible, comme on dit.

Dorothée. Eſt-il poſſible de porter un tonneau ſi énorme & ſi plein? Il y a par Dieu dans ſa panſe autant de denrées qu'un Marchand de Bourdeaux en pourroit mettre à la groſſe aventure: je ſuis ſûre que vous n'avez jamais vu de vôtre vie un vaiſſeau mieux rempli.

Scène XII.

(*) Ce n'en eſt pas un, Hôteſſe; c'eſt un *cheater* (*): vous pouvez lui paſſer la main ſur le dos, & le careſſer comme un petit épagneul de quinze jours: il ne tiendroit pas tête à une poule, ſi elle hériſſoit ſes plumes de manière à annoncer la moindre réſiſtance. Faites-le monter, garçon.

(†) *Brooches*; chaînes d'or que les femmes portoient anciennement au col.

(¶) *Ouches*; boſſes d'or garnies de diamans. Toute cette ligne eſt tirée des vers d'une vieille chanſon.

(§) Qui ne peuvent ſe joindre, ſans gratter avec bruit l'un contre l'autre. *Johnſon.*

(*) *Cheater*, qui aujourd'hui ſignifie, *fourbe, eſcroc*, ſignifioit anciennement *un joueur.* L'Hôteſſe prend le mot *cheater* pour *eſcheator*; Officier chargé de faire rentrer les biens qui échéoient à la Couronne: & ſur cette mépriſe, elle prend Piſtol pour un honnête-homme, à qui elle ne doit pas fermer ſa porte. *Warburton.*

L'Hôteſſe. Comment dites-vous ? Ne dites-vous pas que c'eſt un *Eſcheator* ?

Scène XIII.

(*) *Dorothée à Piſtol.* Va-t-en, te dis-je, filou, infâme coupeur de bourſes, va-t-en. Que ce verre de vin me ſerve de poiſon, ſi je ne te fourre pas ce couteau dans ta laide mâchoire, ſi tu fais l'inſolent avec moi !

(**) *Ibidem.*

Dorothée. Capitaine ! Toi, abominable eſcroc. N'es-tu pas honteux qu'on t'appelle Capitaine ? Si les Capitaines penſoient comme moi, ils te tailladeroient comme il faut, & t'apprendroient à uſurper leur titre avant de l'avoir gagné. Toi, Capitaine ? vil valet ! Hé pourquoi donc ? Pour ſavoir boire, & avoir battu quelques garçons de taverne. Lui, Capitaine ? Le diable emporte ce faquin ! Ce gredin là rendroit le mot Capitaine ſi odieux (†), que les Capitaines devroient bien veiller un peu à cela.

Bardolph. Tiens, je t'en prie, deſcends, mon cher ancien.

Falſtaff. Écoute ici, Dorothée.

Piſtol. Non, par Dieu ! Tiens, je te dirai une choſe, caporal Bardolph ; pour une épingle je la mettrois en pièces. J'en aurai vengeance.

Le Page. Oh je vous en prie, deſcendez.

Piſtol. Le diable t'emportera plutôt juſques dans le Lac de Pluton, au fond des enfers, au ſein des tortures des plus infortunés damnés, tiens, vois-tu (¶), ligne & hameçon, j'ai tout ce qu'il faut, je te dis. *Deſcendez* ! Deſcendez vous-même, chiens, traîtres, canailles. Eſt-ce que nous n'avons pas ici notre *Hirène* ?

L'Hôteſſe. Mon cher Capitaine Piſtol, appaiſez vous : il eſt heure indue. Oh je vous en prie, *aggravez* (§) votre colère.

Piſtol. Par Dieu, voilà une bonne plaiſanterie, ma foi. Eſt-ce

(†) Alluſion à pluſieurs mots dénaturés & devenus infâmes ; par exemple, le mot *occupy*.
(¶) Phraſe ridicule qui ſe trouve dans une pièce de Benjonſon. *Steevens.*
(§) *Aggravez* pour *appaiſez* ; autre bévue de l'Hôteſſe. *Steevens.*

que des rosses & de maudites cavales (†) d'Asie, avec leurs caraparaçons & leurs plumes, qui ne savent faire que dix lieues par jour, oseront se mettre en comparaison avec les Césars & les Cannibales (¶), & les gens de Troye ? Qu'ils s'abîment plutôt en enfer avec le Roi Cerbère : que toute l'atmosphère en rugisse ! Est-ce que nous nous brouillerons pour des fadaises ?

L'Hôtesse. Par ma foi, Capitaine, voilà des expressions bien dures à digérer.

(***) Ibid.

Falstaff. Pistol, j'ai envie d'être tranquille ici.

Pistol. Mon aimable Chevalier, je vous baise bien les mains. Quoi, nous avons vu les sept étoiles (§).

Dorothée. Faites-le moi descendre les escaliers quatre à quatre : je ne saurois souffrir un brutal d'amphigouriste comme celui-là.

Pistol. Oui-dà, faites-lui descendre les escaliers. Est-ce que nous ne connoissons pas bien les femmes de ton espèce ?

Falstaff. Jette-le moi en bas, je t'en prie, Bardolph, à coups de pieds dans le ventre, & qu'il soit arrondi & usé, à force de rouler les degrés, comme une pièce de monnoie usée. Par Dieu, s'il ne sait rien faire de mieux que de ne dire rien qui vaille, il ne sera pour rien ici.

Falstaff. Un misérable comme lui ! Je veux faire sauter ce gredin sur la couverture.

Dorothée. Ah, par Dieu, fais-le, si tu l'oses, pour ton cher cœur. Si tu le fais, je t'en récompenserai tendrement.

Dorothée. ... O toi, petit coquin, pauvre petit cochon de la Foire Saint-Barthélemi.

(†) Ces vers sont pris d'une mauvaise pièce ancienne, appellée : *The Scythian shepherd ; le berger Scythe.* Tamerlan adresse ces paroles aux Rois prisonniers qui traînent son char. *Steevens.*

(¶) Méprise de nom pour *Annibal.*

(§) Équivoque entre *stars*, étoiles, & *stairs*, escalier.

Fin des Retranchemens.

OPINION

DE WINDSOR.

Évans. Oui.

Williams. Génitif, *horum, harum, horum.*

Quickly (prenant *horum* pour *whore*, *une proſtituée*). Cela crie vengeance, d'enſeigner ces vilains mots à un enfant : ne les prononcez jamais, mon enfant.

Évans. N'avez-vous pas de honte, femme extravagante ?

Quickly. Vous avez le plus grand tort de lui apprendre ces ſottiſes, *hick*, *hack* : ils apprendront aſſez tôt à en dire ou à en faire d'eux-mêmes : fi ! c'eſt honteux.

Évans. Quoi ! êtes-vous poſſédée ? N'avez-vous nulle notion de vos cas & du nombre des choſes? Vous êtes la créature chrétienne la plus bornée qu'on puiſſe trouver !

Mad. *Page à Quickly.* De grace, laiſſez-nous en paix.

Évans. A préſent, Williams, montrez-nous quelques déclinaiſons de vos pronoms.

Williams. En vérité, je les ai oubliées.

Évans. C'eſt *ki*, *kœ*, *kod :* après. — **Si** vous oubliez vos pronoms *ki*, *kœ*, *kod*, vous méritez le fouet. — Allons, allez jouer ; partez.

Mad. *Page.* Il eſt meilleur écolier que je ne penſois.

Évans. Il a une mémoire excellente. — Adieu, Madame Page.

Mad. *Page.* Cher Miniſtre, je vous remercie de vos ſoins. — Allez, petit garçon. — Allons, Quickly, je m'arrête trop long-temps (†).

(†) Le ridicule de cette Scène eſt dans le diſcours de Quickly, qui, dans l'Anglois, interrompt de temps en temps le maître d'Ecole, & entend mal les mots latins, à la place deſquels elle met des mots Anglois qui ont le même ſon, tout-à-fait dans le goût de *Cyrilla*, dans l'*Horribilicribriſax* de Gryphen. Mais il eſt impoſſible de bien traduire ce dialogue ; on ne peut qu'en indiquer les équivoques.

Note d'un Anglois, sur le mot humour.

Humour est, suivant la définition de Dryden, dans son essai sur la Poésie Dramatique, la ridicule extravagance de conversation par laquelle un homme diffère des autres. Suivant moi, dit le Docteur Sewell, *humour* est ce que les anciens & Aristote entendoient par ridicule ; & suivant Aristote, il consiste dans ces vices & folies, tant de l'esprit que de la conversation, qui portent avec eux une apparence ridiculé. Les passions & les vices du genre-humain ont deux faces différentes ; l'une est propre à la Tragédie, & l'autre à la Comédie. L'exemple seroit peut-être plus propre à éclaircir ce mot que le précepte : je conseillerois donc à un Auteur comique qui veut distinguer & saisir ces deux faces, d'étudier à fond le *miroir des Muses* de Randolph. Je crois qu'il y trouvera la source de toutes les *humours* qui sont dans la Nature : & de ces originaux, il pourra former d'agréables composés, qui divertiront le Peuple & rempliront sa bourse, en lui faisant honneur : du moins suis-je bien sûr que personne ne peut me montrer sur le Théatre aucune *humour*, un peu digne d'attention, que je ne la lui montre dans le *miroir des Muses* ; ce qui prouve que l'Auteur a puisé à la source même des choses, puisque ceux qui ne l'ont jamais lu, se sont rencontrés avec les *humours* qu'il a peintes. Randolph étoit un des enfans du fameux Benjonson, & Membre du Collége de Cambridge.

Voyez la lettre de M. Dryden à M. Dennis, sur ce sujet.

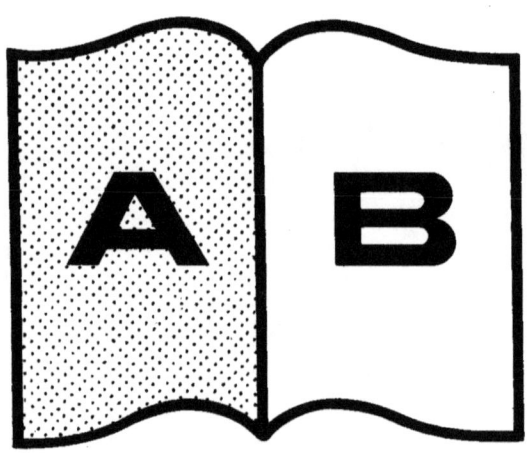

Contraste insuffisant
NF Z 43-120-14

www.ingramcontent.com/pod-product-compliance
Lightning Source LLC
Chambersburg PA
CBHW060405170426
43199CB00013B/2012